Por que coisas ruins acontecem?

Gordon Smith

Por que coisas ruins acontecem?

O que o mundo espiritual tem a dizer

Tradução
Fal Azevedo

Título original: Why do bad things happen?
Copyright © 2009 by Gordon Smith
Originalmente publicada pela Hay House UK Ltda.

Todos os direitos reservados. Nenhuma parte desta obra pode ser reproduzida ou transmitida por qualquer forma ou meio eletrônico ou mecânico, inclusive fotocópia, gravação ou sistema de armazenagem e recuperação de informação, sem a permissão escrita do editor.

Direção editorial
Soraia Luana Reis

Editora
Luciana Paixão

Editores assistentes
Deborah Quintal
Thiago Mlaker

Assistente editorial
Elisa Martins

Preparação de texto
Denise Katchuian Dognini

Revisão
Gisele Gonçalves Bueno Quirino de Souza

Criação e produção gráfica
Thiago Sousa

Assistentes de criação
Marcos Gubiotti (projeto de capa)
Juliana Ida

Imagem de capa: Heinz Wohner /Getty Images

CIP-Brasil. Catalogação-na-fonte
Sindicato Nacional dos Editores de Livros, RJ

S646p   Smith, Gordon, 1962-
            Porque coisas ruins acontecem? / Gordon Smith ; tradução Fal Azevedo. - São Paulo : Prumo, 2010.

            Tradução de: Why do bad things happen?
            ISBN 978-85-7927-074-1

            1. Perda (Psicologia). 2. Sofrimento. 3. Consolação. 4. Espiritismo. I. Título.

10-0973.   CDD: 133.9
                                                                       CDU: 133.9

Direitos de edição para o Brasil: Editora Prumo Ltda.
Rua Júlio Diniz, 56 – 5º andar – São Paulo/SP – CEP: 04547-090
Tel: (11) 3729-0244 – Fax: (11) 3045-4100
E-mail: contato@editoraprumo.com.br
Site: www.editoraprumo.com.br

Nesta vida podemos, por vezes, ter que encarar a dura realidade da morte de um amigo ou de um membro da família, seja por um acidente de carro ou uma doença séria, seja porque outro alguém lhes tirou a vida. No momento em que somos atingidos por essa realidade, somos incapazes de enfrentar ou entender o porquê.

Acredito que, neste livro, Gordon Smith encontrou, à sua maneira única, formas de nos fazer atingir a compreensão clara da natureza íntima dessas perdas e, também, permitir que encontremos discernimento suficiente para superar a dor quando nos depararmos com o fim inesperado da vida de nossos entes queridos.

Mica Paris

*Para meu pai,
que morreu este ano.
Volte!
Caso contrário,
a última palavra será da mamãe!*

Sumário

Introdução: Por que coisas ruins acontecem? 11

1. O que é o Destino? 17
2. O que os espíritos nos dizem quanto ao futuro? 23
3. Tive uma premonição? 39
4. Podemos saber quando vamos morrer? 45
5. Posso mudar meu destino? 49
6. Existe uma alma gêmea em algum lugar para mim? ... 63
7. Estou sem sorte no amor? 75
8. Um espírito pode me ajudar a encontrar o amor? 83
9. Lições no amor 91
10. Vou ganhar na loteria? 97
11. Dinheiro faz mal para o carma? 105
12. A morte é uma punição? 119
13. O que é um ato de Deus? 129
14. O que desencadeia uma morte violenta? 135
15. Segredos e carma 143
16. Estamos aqui para aprender uma lição específica? ... 161
17. Conseguimos superar um trauma nesta existência? ... 167
18. Do que você está com medo? 177
19. Nadando na sopa cármica 185
20. O poder da oração 191
21. Mudando de atitude 193
22. Acordando do estado de suspensão da consciência ... 201
23. Podemos estar sempre preparados para a morte ou a perda? .. 213

Posfácio 223

Introdução

Por que coisas ruins acontecem?

Poucos anos atrás, em Glasgow, alguns amigos enviaram-me uma senhora para uma sessão no Centro Espírita de *Berkeley Street*. Como de costume, não me deram nenhuma pista sobre quem ela queria contatar em espírito. Quando ela veio até a saleta nos fundos do Centro, a impressão que tive foi de alguém que havia desistido de cuidar dos detalhes da vida cotidiana — algo maior havia aparecido e arrancado isso dela. Ela era uma senhora de idade, bem apessoada, mas parecia um tanto vacilante — suas mãos caídas em seu colo como se ela mal desse conta delas e seu cabelo bem cortado, embora não creio que ela se preocupasse em arrumá-lo. Seu rosto era estranhamente magro comparado ao corpo e seus olhos pareciam círculos pretos. Quando se vê uma pessoa sofrendo assim, de forma tão evidente, tudo o que se deseja é abraçá-la e confortá-la. Mas, como médium, você precisa se lembrar de que não foi para isso que ela lhe procurou — ela quer saber de seus entes queridos, não de você.

Pedi-lhe apenas que se concentrasse em qualquer evidência que eu pudesse lhe dar do espírito recebido, e me informasse se estava correta acenando afirmativamente ou aceitando-a. Eu sabia que se a pessoa que ela tentava encontrar viesse, traria uma mensagem, mas também gostaria de lhe dar uma prova de que era genuína, para que relaxasse sua mente e tirasse o melhor proveito desse contato com o outro lado.

Imediatamente comecei a sentir a energia familiar ao meu redor, o que sempre significa que há um espírito tentando se aproximar; então, fiz minha primeira pergunta:

— Quem está aí?

Em resposta tive a impressão de ser uma criança, uma garotinha que não poderia ter mais de três anos. Quando informei à senhora, os ombros dela se retesaram e ela concordou. Eu sabia que deveria ser a neta dela.

— Sei que tenho um irmãozinho e vim vê-lo — a garotinha me disse —, diga à mamãe que estou lá.

Isso foi duro demais para a avó suportar. Ela ouvia tão atentamente que, sem perceber, foi se aproximando, empurrando a cadeira como se quisesse chegar mais perto da garotinha. A criança nos disse que ela estava com o bisavô dela, e a mulher protestou:

— Ele morreu há séculos! Como poderia estar com ela? —, mas então o rosto dela mudou e a senti relaxar um instante antes de franzir a testa novamente. Imagino que ela compreendeu que *era* mesmo sua neta, mas agora vejo que ela pensava em como provar isso para outra pessoa, provavelmente a mãe da garotinha. Ela queria mais garantias. Eu estava gravando a sessão e havia lhe prometido uma cópia para que pudesse mostrar a outras pessoas e ela disse:

— Sim, tudo bem —, mas estava me cobrando mais provas.

Os céticos dizem que o luto é crédulo, mas a verdade é que as pessoas querem provas concretas e não uma palha para se agarrar.

A euforia inicial que tive ao fazer a conexão com o espírito deu lugar à escuridão, e então soube que sentiria o que acontecera com a criança. Durou apenas um instante. Sentado em minha salinha, de repente tive a sensação de estar em queda livre, mergulhando, e no outro instante acabara e eu ainda estava na cadeira.

— Quero que a mamãe sonhe sem me ver caindo — a menina disse. — Quero estar com ela, mas não posso quando ela vê isso.

Quando ouviu aquilo, a avó assentiu e chorou, e eu me perguntei se a mãe da garotinha não deveria me ver também — parecia que era ela quem realmente precisava da ajuda terapêutica dos espíritos.

Senti a preocupação da garotinha, mas apenas porque ela tinha a exata noção do quanto sua mãe estava sofrendo, e a menina tentava se comunicar com ela para dizer-lhe que estava a salvo e em um bom lugar agora.

Eu esperava que a avó obtivesse algum conforto com as provas que eu fora capaz de lhe dar. Quando a comunicação com o espírito acabou, deixei que ela me contasse toda a história.

A filha e a neta dela viviam no terceiro andar de um edifício residencial, na periferia de Glasgow, em condições de muita pobreza. A mãe tentava economizar o que podia para comprar um apartamento melhor, mas também ligava e escrevia para a prefeitura solicitando reparos no prédio. Ela estava particularmente incomodada com as janelas, que considerava inseguras. Dois anos de cartas e ligações não haviam dado em nada e ela tinha a sensação iminente de que havia algo errado em morar com a filhinha naquele apartamento. Cada vez que tinha os pedidos rejeitados, o medo aumentava.

Ela saía pela manhã para trabalhar de faxineira e uma vizinha aparecia para cuidar da criança. Um dia, dois anos antes da sessão, quando chegou em casa, teve a sensação latente de medo, e a ansiedade cresceu dentro dela. Quando entrou na rua que levava ao prédio dela, olhou para cima e viu sua filhinha de joelhos no parapeito da janela, batendo as mãozinhas no vidro, feliz em vê-la; e enquanto ela observava, a janela abriu e a criança caiu.

Ela viu sua filha cair e morrer.

Não posso nem começar a quantificar o horror que aquela mãe deve ter sentido naquele instante ou a cada minuto de cada dia depois do que aconteceu, vendo a filha cair e morrer de novo e de novo. A avó viera me encontrar porque estava testemunhando a desintegração da filha. Apesar de ter engravidado, na época, ela rompeu com o namorado e gastou grande parte da indenização da prefeitura na construção de um mausoléu para sua menina no cemitério. Ela tinha pavor de dormir porque continuava a ter um sonho em que via sua filha chegando perto dela e então a imagem do acidente voltava em sua cabeça e ela perdia a presença da criança. A avó sentia como se perdesse não apenas a neta, mas também a filha, que estava lhe escapando.

A vizinha que cuidava da criança também estava arrasada — como ela poderia saber que a menina era capaz de escalar a cama e subir no parapeito? Uma nuvem de tristeza pairava sobre toda a redondeza quando os vizinhos acrescentaram o sofrimento deles ao da mãe e se agarraram às suas próprias crianças, imaginando como seria se acontecesse com eles.

Quando você vê a maneira como as consequências de um único fato se espalham e afetam tantas vidas, você se pega querendo saber o porquê. Por que *aquela* criança? Por que *aquela* mãe? Por que *qualquer um* tem que passar por isso? Por que coisas assim acontecem todo dia, no mundo todo, e como as pessoas que ficam encontram forças para tocar suas vidas? Por que coisas ruins acontecem?

Você pode dar de ombros e dizer que é apenas o destino, mas é mais complexo que isso, e são necessárias mais explicações sobre como aquele terrível acidente surgiu e como, por mais incrível que pareça, é possível, para os que ficaram, encontrar consolo.

Muitas religiões do mundo têm suas próprias interpretações do que é destino, carma, sina, *kismet* – chame do que quiser –, mas não oferecerei uma explicação teológica definitiva aqui, ou mesmo explicar como funciona no budismo ou hinduísmo. Também não preverei o futuro. Não sou um guru. Só posso contar o que sei. Mas posso mostrar minhas experiências como médium, viajando pelo mundo e encontrando milhares de pessoas que passaram por terríveis provações. Posso falar sobre o que aprendi com os espíritos para tentar mostrar-lhe o que ajudou a mim e a outros a viver e a crescer espiritualmente, apesar do que a vida possa apresentar.

1
O QUE É O DESTINO?

Em 2005 eu estava na África do Sul para uma turnê literária e fui convidado a participar de um programa de TV. Os produtores me levaram a uma casa enorme em Joanesburgo e, quando chegamos, fizeram-me uma surpresa. Perguntaram-me se eu poderia fazer uma sessão com duas mulheres. Concordei. Então, eles me acomodaram diante das câmeras no pátio e as trouxeram até mim.

Eu soube que seria uma sessão incomum no momento em que começou. Senti a presença de um homem e entendi que ele era o marido de uma das mulheres e irmão da outra. Quando lhes contei sobre isso, ambas romperam em lágrimas. Tive uma sensação de afogamento, de água comprimindo meus pulmões. Elas confirmaram esse fato.

Tentei dizer-lhes o que entendia:

— Estou captando a presença de um homem do mundo dos espíritos, alguém muito jovem. Eu sinto que ele partiu de forma muito repentina. Isso faz algum sentido para vocês? Ele não está há muito tempo no mundo espiritual. Sinto que foi algo que aconteceu recentemente e de forma muito trágica. Sinto que há muita dor aqui, para todos os envolvidos.

Em seguida, vi uma criancinha loura, e, o homem a abraçou, para deixar claro que ele cuidava dela. Ele me disse que a criança tinha problemas para respirar e, quando eu contei às duas mulheres que aquele homem havia prometido que a criança se curaria, elas olharam uma para a outra numa compreensão muda. Ele também me deu pistas sobre o amor dele por carros velozes e música, confirmado pelas duas mulheres, que enfim se apresentaram como a viúva e a irmã dele.

Enquanto prosseguíamos com nossa sessão, finalmente entendi o que acontecera. A morte daquele homem havia ocorrido na Ásia, durante o tsunami que ocorrera no feriado de Boxing Day*, em 2004, poucos meses antes do dia daquela sessão. Eu não havia feito nenhuma ligação entre África do Sul e Tailândia, onde ele havia morrido, antes de começar a sessão com elas. Na ocasião, a família passava as festas de Natal mais incríveis de todos os tempos em uma ilha bucólica, hospedada em uma bela casa na praia. O homem havia morrido tentando salvar o pai, enquanto ele era arrastado pela fúria das águas e se afogava. A criancinha loira era uma de suas filhas que esteve doente recentemente, com complicações respiratórias. Ele também mencionou o quanto estava preocupado com a mãe dele, que estava muito magoada, culpando-se pelo que acontecera:

— Ele diz sem parar — eu contei às duas mulheres sentadas à minha frente: —"Preciso ajudar a mamãe, preciso ajudar a mamãe!".

Naquele momento, esperava que a palestra trouxesse cura e restabelecimento para a mãe dele e para as duas mulheres à minha frente. O operador de câmera me disse mais tarde que capturou o momento exato em que começara realmente

---

* Dia de São Estevão, feriado comemorado geralmente em 26 de dezembro, destinado ao descanso dos trabalhadores domésticos.

a superação das duas senhoras pela perda da pessoa amada, em que elas passaram de uma espécie de melancolia para a alegria. Aquele jardim havia se enchido de alegria enquanto imaginavam que sua família estava unida e feliz em espírito e ainda era parte de suas vidas na Terra.

Aquilo era muito bom de se ver, mas pode também ser um momento difícil, quando você começa a se indagar por que aquilo tudo aconteceu. Por que *aquela família* fora atingida em um terrível acontecimento como o tsunami? Por que eles morreram *naquele momento?* Por que não aconteceu com *qualquer* outra pessoa? As mulheres escolhidas para sobreviver passavam por um teste? Teriam escolha? Poderiam ter feito algo para prevenir? É quando você chega às grandes palavras como 'destino', 'sorte' e 'carma'.

Você não pode trabalhar em uma área como esta se não tiver coragem ao se deparar com as grandes questões filosóficas da vida. Você pode acreditar veementemente que a grande questão de nossa existência é se existe vida após a morte. Porém, para qualquer médium ou para qualquer pessoa desolada pela perda de um ente querido, que conhece o conforto encontrado na mensagem enviada por uma pessoa amada que já se encontra do outro lado, esta é uma resposta absolutamente simples: claro que existe vida após a morte. Nós apenas temos de estar abertos o bastante para experimentar a conexão que continuamente temos com esses espíritos, sejam eles nossos avós ou nosso cachorro. O contato com o mundo dos espíritos é parte de nossa vida diária, e acontece por meio de um médium, durante uma demonstração com centenas de pessoas presentes, ou apenas pelo poder de sua mente. Você ficará confuso ao sentir a presença do ser amado que se foi por uma fração de segundo, quando menos esperar que isso aconteça, durante atividades prosaicas e cotidianas, enquanto lava roupa ou enquanto está preso em um congestionamento.

Mas sobre o que são essas grandes questões que passam por temas como 'destino', 'sorte' e 'carma'? Em nossas vidas, tendemos a separar tudo entre 'bem' e 'mal' e imaginamos nossas vidas como um acúmulo de ações que levam a uma espécie de balanço cármico. Da mesma forma, em nossa linguagem cotidiana dizemos: 'Você colhe o que planta'. Então, acreditamos que se fizermos muitas boas ações, isso anulará nossas ações 'não tão boas assim'. Leve a vida de forma alegre e irresponsável e isso lhe trará um fim terrível. Faça o bem sempre e de forma sistemática e você será recompensado com um belo carro e uma nova namorada.

A vida real não distribui prêmios e punições dessa forma, embora isso possa parecer confuso e contraditório. As pessoas desejam saber por que perderam o cônjuge em um acidente quando viviam boas vidas e sempre faziam caridade; ou por que seus vizinhos ganharam na loteria, embora jamais soubessem como lidar com dinheiro e estivessem endividados até o pescoço. Parece não haver lógica nenhuma nesses acontecimentos, e é mesmo incrivelmente tentador pensar que uma força malvada e caprichosa nos envie coisas ruins por diversão. Assim como é tentador declarar de modo fatalista e superficial que o destino é cruel e que toda essa história de carma é uma bobagem. Ainda imploramos o tempo todo à Senhora Sorte que olhe para nós e, então, será nossa vez de viver bem. Ou ainda, usamos as saídas mais fáceis, ao reivindicar responsabilidade: 'Tenha cuidado com o que deseja'; ou com aquela que é uma crítica pessoal: 'O que você desejar acontecerá' – o que certamente inclui tudo que pode nos acontecer.

Conheci homens e mulheres que se martirizavam com um remorso excessivo por algo que acontecera havia muito tempo, porque estavam convencidos de que algo que fizeram poderia estar ligado a uma grande tragédia. De certa maneira, essas pessoas tentam controlar o que não pode ser controlado: o sofrimento que se abateu sobre as vidas delas. Se alguém a quem amavam morreu abruptamente em um acidente, ou de forma violenta, essas pessoas querem saber se poderiam ter evitado isso, entrando em uma interminável espiral feita de 'E se...'. E o pior é que esse tipo de comportamento parece ser instintivo para as pessoas que se culpam pelo sofrimento daquela criança que partiu, pois assim resolvem carregar pelo menos parte deste fardo.

Gostamos de assumir responsabilidade por algumas coisas sobre as quais não podemos fazer nada e, ainda, algumas vezes tentamos fingir que as coisas pelas quais realmente somos responsáveis aparecem como se fosse por encanto, do nada. Em ambos os casos, tornamos a vida muito mais difícil para nós e para os outros. E quando você considerar que essa 'sorte' ou 'carma' inclui todas as coisas, de dirigir até o trabalho às guerras mundiais e ao aquecimento global, como você lidará com isso? Você ficará louco se tentar pensar nas consequências de cada uma das suas ações, imaginando alguma terrível punição, sempre esperando que algo caia sobre sua cabeça.

Na verdade, podemos passar a vida inteira debatendo para entender como transpor este plano de existência e chegar ao outro lado com uma mente iluminada e uma grande sabedoria. Existem muitas armadilhas mentais nas quais podemos cair, ou falsos caminhos que podemos escolher. E essas armadilhas mentais e falsos caminhos sempre nos guiarão a um final no qual terminaremos espiritualmente mortos.

Então, como podemos tornar todo esse processo mais tranquilo para nós? Há algum caminho que realmente nos diga qual é o nosso destino e o que podemos fazer para mudá-lo, se é que podemos fazer alguma coisa?

2

O QUE OS ESPÍRITOS NOS DIZEM QUANTO AO FUTURO?

Jean Primrose foi uma médium que tive a sorte de ter como mentora. Encontrei-a no começo dos anos 1990, quando ela estava com setenta e poucos anos e já era uma alma muito respeitada no Espiritismo. Perto do fim da vida, ela veio visitar a mim e ao meu parceiro Jim em nosso apartamento, trazendo uma amiga poucos anos mais jovem que ela. Eu perguntei-lhe como haviam se conhecido.

— Posso contar? — perguntou a jovem à senhora Primrose.

— É sua história — disse ela, fazendo um sinal para que continuasse se quisesse. Então, ela nos contou.

Muitas décadas antes, ela e o marido tentavam começar uma família. Após vários abortos, ela finalmente conseguiu levar uma gravidez até o final, mas seu filho tão esperado faleceu antes mesmo que ela tivesse alta. Enquanto ela estava devastada, seu marido teve de encontrar forças e lidar com o funeral do bebê. Os oficiais encarregados precisavam de um nome antes de enterrá-lo, e ele subitamente pensou no nome "Jamie". Ele nunca contou à sua esposa que o bebê havia recebido um nome.

Um ano mais tarde, ela foi diagnosticada com uma doença que a tornara estéril, e o casal imaginou que nunca conseguiria ter uma família. Nessa época, uma amiga a convenceu a procurar um Centro Espírita onde a senhora Primrose fazia uma apresentação, mas ela era cética quanto à mediunidade e sentou-se nos fundos para assisti-la. Ela ficou mortificada quando a senhora Primrose a identificou e disse que tinha uma mensagem para ela, que passaria no final da palestra.

"Isso é ridículo", pensou ela, e tentou se esgueirar no final, mas a senhora Primrose chegou à antessala antes que ela saísse e a deteve gentilmente.

— Você tem uma caneta e um pedaço de papel? — perguntou. — Você precisará desta informação.

Ela escreveu o nome "Jamie" e disse-lhe:

— Este foi o bebê que você perdeu e a data em que ele faleceu.

A data estava precisamente correta, o que deixou a mulher perplexa apesar de, até onde ela sabia, o bebê não ter recebido nenhum nome. A senhora Primrose também disse que deveria adotar crianças. Então, escreveu dois números de telefone e a orientou:

— Guarde estes números e nunca os perca. Não sei o que são, mas sei que precisará deles no futuro.

A mulher guardou o papel na bolsa e correu para casa. Quando chegou lá, foi direto ao escritório do marido procurar a certidão de óbito do bebê, e ali estava o nome do seu filho: "Jamie".

Nos cinco anos que se passaram, ela e o marido adotaram um menino e uma menina e enfim tiveram uma família. Cerca de trinta anos depois, quando os filhos já eram adultos, ambos se interessaram em conhecer seus pais biológicos. Eles perguntaram à mãe se ela se importava e ela lhes garantiu que ficaria feliz por eles. Ambos começaram a investigar rastros de documentação e a fazer ligações, sem sorte. Parecia que todos os recursos de busca haviam sido esgotados.

A mãe dela conversava sobre isso com a senhora Primrose um dia, dizendo o quanto ela desejava poder ajudá-los, e então a médium lembrou-se dos números de telefone.

— Sei que já faz um bocado de tempo, mas por acaso ainda tem aquele pedaço de papel? — A mulher o guardara por todos esses anos no criado-mudo ao lado da cama. — Tente esses números — insistiu a senhora Primrose.

Já soube de muitas histórias incríveis de médiuns da minha época, mas nunca uma tão impressionante como essa: cada um dos números estava conectado aos pais biológicos das crianças adotadas, e assim foi possível fazer contato com suas famílias biológicas.

Enquanto sua mãe terminava a história, Jim e eu olhamos deslumbrados à senhora Primrose e perguntamos como ela poderia saber. Ela apenas olhou para suas mãos.

A amiga dela enfim nos perguntou:

— Como é possível deixar de acreditar quando coisas como essa acontecem?

Percebi, desde que testemunhei as primeiras mensagens passadas por médiuns, que aqueles que estão no mundo espiritual pareciam ter alguma maneira não só de saber o que acontecera com seus entes queridos nesta vida desde sua passagem, mas também de prever o futuro deles.

Uma noite eu estava no Centro Espírita de Somerset Place, em Glasgow, participando de uma roda de meditação, quando a prática na qual eu tentava me concentrar deu lugar a uma imagem de Jim no nosso apartamento, em Gorbals. Ele parecia realmente preocupado. Estava sentado com um amigo nosso chamado Mark, um sul-africano que morava no

Reino Unido com a namorada, Carla. Tanto Mark como Jim tocavam guitarra, e eu sabia que eles haviam combinado de fazer um som juntos aquela noite, mas eu não era capaz de entender por que Jim parecia tão ansioso ou por que eu estava sentindo aquela ansiedade tão fortemente.

Voltei para casa para encontrar Jim e perguntei-lhe como fora o ensaio.

— Ah, sim, foi legal — disse ele, evasivamente.

— Não, algo aconteceu — insisti.

— Não aconteceu nada — replicou ele.

— Vá em frente, Jim, pode me contar — pressionei, sem resultado.

No dia seguinte, sentado no sofá com Jim para uma xícara de chá, senti um acúmulo de energia ao meu redor. Depois disso, até onde percebi, fechei meus olhos um instante e cochilei, mas quando acordei, mais tarde, Jim me olhava atordoado. Ele contou o que acontecera.

Não foi um cochilo. Eu havia entrado em transe e um dos meus guias espirituais, Chi, apareceu e falou com Jim.

Todos têm um Espírito Guia, que está ali para interceder na experiência espiritual, favorecer a conexão com entes queridos do outro lado e ajudar nesta vida. Quando trabalham em conjunto com um médium, guias geralmente têm uma especialidade, e ao escrever este livro me descobri referindo-me por vezes seguidas a orientações passadas por Chi, de quem ouvi falar pela primeira vez numa palestra do famoso médium Albert Best. Ele é o guia que mais me ensinou sobre previsões e destino, então, não foi surpresa ele ter se manifestado naquele momento para falar com Jim.

— Ontem — disse Chi —, Mark contou a você que os vistos dele e de Carla expirariam e que só havia uma maneira de ela permanecer na Inglaterra. Ele pediu que você se casasse com ela, fez pressão para que aceitasse seu pedido, e no final você disse que se casaria.

Jim estava incrédulo:

— Como sabe disso? Ainda não contei ao Gordon. Não há como ele saber disso também.

Chi não respondeu à pergunta e prosseguiu:

— Você tem um compromisso com essa mulher agora, mas não precisa cumpri-lo. Ela precisará retornar ao seu país antes que você vá em frente.

— Mas como pode saber disso?

Dessa vez, Chi explicou:

— Ao dizer sim, você deu um passo em direção a uma nova linha de tempo e, por começá-la, você me permitiu observar ao longo dessa linha até o futuro e ser capaz de lhe contar um pouco do que vai acontecer.

— Por que ela precisará voltar?

— Não olhei tão adiante. Talvez seja melhor você não saber — disse Chi, que então fez que eu me abaixasse e apanhou um baralho de cartas de tarô que Jim havia empurrado para debaixo do sofá quando cheguei em casa. Ele tentava desesperadamente descobrir o que aconteceria no futuro.

Chi disse, quase alegremente:

— Se existem 78 cartas nesse baralho e se eu tenho uma visão melhor sendo espírito, provavelmente poderei prever a próxima carta.

Então, ele disse a Jim qual seria a primeira carta e quando a virou estava correto. Fez a mesma coisa três vezes seguidas.

— Isso pode parecer um truque para você — ele disse —, mas não é. Se a primeira carta é um quatro de copas, o resto do baralho ficará assim.

E, então, Chi repassou o baralho todo, acertando cada carta.

— Só há algumas possibilidades para as cartas se o maço começar com o quatro de copas, é uma questão de probabilidade.

— Se algo começa de um jeito, então, outras coisas se seguirão. Você prevê o futuro baseado no que sabe no momento, mas se é apenas uma carta no meio do baralho, provavelmente não terá ideia de onde está e de que cartas vêm depois. Sei que está preocupado porque determinou essa linha de tempo para casar-se com Carla, mas vim para dizer-lhe que não fique. Você fez isso por lealdade e porque achou que seria considerado um mau amigo se dissesse não, mas no futuro precisa ser mais cuidadoso.

Nesse ponto, saí do transe e acordei. Jim me contou toda a história e assim fiquei sabendo pela primeira vez sobre a conversa que teve com Mark. Ambos imaginamos o que poderia provocar a volta de Carla à África do Sul.

Não precisamos esperar muito para descobrir: duas semanas depois, o pai de Carla faleceu e ela deixou o país. Nunca mais tivemos notícias dela e de Mark.

Nossas vidas são cheias de potenciais linhas de tempo que se apresentam diante de nós como caminhos: escolher uma vida com esta pessoa e não com aquela; ficar onde está em vez de aceitar um emprego em uma nova cidade; e mesmo virar à direita em um cruzamento ao invés de à esquerda. Você tem a possibilidade de viver muitas experiências diferentes com um grande número de pessoas, embora possa parecer que está seguindo um caminho linear. Somos como novelas, com várias tramas acontecendo paralelamente.

Podemos começar várias linhas de tempo simultaneamente e nem mesmo saber que começamos uma. O ato de encontrar uma pessoa pode abrir uma gama de novas linhas de tempo, como milhares de cabos de fibra óptica espremidos em um único fio, ou a vida. Alguns desses irão apenas queimar ou desaparecer — linhas de tempo, como tudo com que deparamos em nossa existência, outros podem se desenvolver plenamente ou florescer por um curto período e desaparecer de nossas vidas. Algumas vezes mudamos abruptamente de direção e nos descobrimos em um novo caminho, com novas oportunidades e um novo futuro se ramificando diante de nós. Podemos fazer uma escolha consciente em seguir adiante ou apenas seguir um instinto de perseguir ou evitar uma situação.

Às vezes, as linhas de tempo estão interconectadas: quanto mais em sintonia você estiver com sua vida, mais verá quantas vidas se juntam em uma rede que se expande por seus amigos e familiares, até por estranhos que você jamais encontrou.

Se uma linha de tempo começou, uma previsão pode ser feita ou surgir na forma de uma premonição — como a que a senhora Primrose teve. Após perder o filho, a mulher estava a caminho de adotar aquelas duas crianças. Por isso a senhora Primrose foi capaz de lhe dar os números de telefone que não fizeram sentido por décadas. Mas a ação é fundamental para trazer esse futuro à realidade: se houver somente um pensamento ou desejo de que algo aconteça, esse futuro não se realizará.

Agora, obviamente, ninguém neste mundo pode fazer previsões no mesmo nível das previsões possíveis a um espírito. Espíritos podem fazer isso porque têm uma visão mais ampla que contempla acima e além das nossas estreitas limitações e porque podem olhar para o complicado mapa de diferentes escolhas que um indivíduo pode tomar, e assim calcular o resultado de forma mais eficaz. Mas algumas pessoas neste mundo podem ver adiante ao longo de uma linha de tempo. É por isso que alguns videntes foram capazes de prever o Onze de Setembro — a notícia já circulava no espaço celeste e a cadeia de eventos que levaram diretamente ao acontecimento já estava em curso.

É claro que nem mesmo o melhor vidente é capaz de ver tudo organizadamente em cores e detalhes, e quando nossos entes queridos em espírito intervêm para dar detalhes e informações, raramente tentam nos mostrar o quadro todo.

Sou com frequência o intermediário de mensagens quando um espírito me permite saber algo sobre o destino da pessoa sentada à minha frente, mas só passo essa informação se algo puder ser feito a respeito. Muitas vezes o mundo espiritual tem suas próprias razões para a retenção de informações.

Minha grande amiga Jackie perdeu o pai e me pediu para falar em seu funeral. Fiquei muito feliz em fazê-lo, pois conhecia sua família muito bem. Depois da igreja, voltamos para a casa de seus pais para tomar um chá e sua mãe me puxou de lado e disse:

— Em algum momento, querido, sei que ainda é cedo para isso, você faria uma sessão para mim?

Eu disse que quando estivesse pronta, que me ligasse e eu tentaria entrar em contato com seu marido. Duas semanas se passaram e Jackie me ligou:

—Você poderia se reunir com minha mãe?

Por puro instinto, eu disse:

— Algo me diz que ainda não é a hora certa. — Não podia lhe dizer por quê, mas algo simplesmente parecia não se encaixar. Eu não tinha um sinal claro dos espíritos.

Duas semanas se passaram e Jackie ligou de novo:

— Já chegou a hora?
— Não, creio que ainda não.
— Por quê? O que está errado? Aconteceu alguma coisa? — podia ouvi-la começando a ficar nervosa.
— Não, acho que não. É apenas um daqueles momentos que ainda não está pronto para acontecer — tentei tranquilizá-la, e então tivemos uma curta conversa e encerramos a ligação.

Pouco tempo depois, a mãe de Jackie morreu, do nada. A pobre Jackie estava arrasada e, assim como sua mãe, ela me chamou no funeral e pediu uma sessão assim que fosse possível. Novamente, tudo o que eu sabia é que não poderia fazê-la, apesar de haver algo diferente desta vez: senti uma energia se formando, mas não tinha ideia do que significava. Era terrivelmente difícil decepcionar uma amiga, ainda mais quando ela estava tão triste, mas não havia nenhuma mensagem real dos espíritos que eu pudesse lhe dar. A linha estava muda.

Alguns meses se passaram e Jackie me ligou em uma noite de meio de semana, às lágrimas:

— Sabe Gordon, as crianças foram para a cama e eu estou sentada aqui sozinha pensando em minha mãe, e é tudo tão difícil.

Eu tentava consolá-la quando, de repente, me dei conta da presença de seu pai.

— Jacks, sabe quem está aqui? Seu pai, e ele está incutindo algo em minha mente. Está me dizendo que sua mãe virá de um jeito tão concreto que será melhor do que qualquer sessão que eu possa lhe fazer.

— Você acha mesmo?

— Acho que a hora chegou. E ela não precisará de mim.

Naquele sábado, Jackie me ligou e ela estava como nenhuma outra mulher — a energia que irradiava era incrível.

— Gordon, você não vai acreditar no que aconteceu!
— Conte!
— Eu estava sentada aqui, totalmente deprimida e dizendo: "Mãe, só me dê um sinal, qualquer um". E o telefone tocou, eu atendi e ouvi a voz de minha mãe, com certeza a voz dela, e ela disse: "Eu estou bem, querida. Estou bem". Então, o telefone ficou mudo e havia um barulho horrível. Eu olhei no identificador de chamada e sabe o quê? Era o telefone da minha mãe. Aquela casa está vazia, a linha foi desligada. Como isso pôde acontecer?
— Não sei, mas acho que entendi por que seu pai não quis vir até você antes. Ele não tinha nenhuma notícia boa para dar a você e a sua mãe, porque ele sabia que ela iria morrer. Ele não poderia ter lhe contado, pois isso seria desesperador — você teria ficado devastada ao saber que teria apenas algumas semanas com ela.

Conversamos mais e, em seguida, Jackie desligou, ainda extasiada com a mensagem de sua mãe. Acho também que sua mãe não enviou a mensagem através de mim porque conheço a família tão bem que não teria sido uma grande prova. Espíritos não só abrem uma janela para o futuro como também têm a sabedoria de saber quando enviar uma mensagem, quanto de informação passar e de que maneira — a que der a melhor comprovação.

As previsões têm de ser produtivas para que os espíritos as passem adiante. Algumas vezes eles nos alertam sobre um problema de saúde. É lógico o suficiente — se você já começou a ficar doente, a linha de tempo para aquela doença já começou. Mas a mensagem é quase sempre positiva, mesmo que não pareça, em um primeiro momento.

Por razões mais bem conhecidas em espírito, Albert Best era especialmente dotado da capacidade de produzir mensagens que às vezes demoravam anos para serem decifradas, mas que previam o futuro. Lembro-me de ele contar que nos anos 1980 um homem bem apessoado aproximou-se dele logo depois de uma palestra e lhe disse:

— Senhor Best, muito obrigado por me ajudar.

Albert não sabia quem ele era, e o homem explicou. Nos idos dos anos 1960, Albert havia trabalhado em um círculo de médiuns em Irvine, extremamente bem-recomendado, e que havia conseguido alguns contatos inacreditáveis. Certa tarde, uma mulher no círculo estava em transe quando um Espírito Guia veio e disse-lhe que havia um homem em uma estrada do interior da Escócia e que precisavam encontrá-lo porque ele salvaria muitas vidas.

Era o auge do inverno, mas os médiuns saíram na neve até o local indicado, vagando por caminhos escorregadios até uma pista estreita sem nenhum sinal de vida. Porém, ali, encurvado na neve, havia um andarilho de cabelos emaranhados e barba enorme. Ele estava morrendo de frio.

Eles o recolheram, apesar de seus protestos de que não queria ajuda, puseram-no em pé e o levaram para a casa de Albert. Eles o aqueceram e o colocaram na cama, percebendo com surpresa que ele era na verdade muito jovem, mas que estava obviamente desesperado. Não lhe fizeram nenhuma pergunta.

No dia seguinte ele já estava um pouco reanimado, mas ainda obviamente muito deprimido. Quando questionado sobre detalhes dos motivos que o levaram a vagar na neve, ele lhes contou que era um médico cuja esposa falecera havia pouco tempo, logo após o casamento, e que fora atingido por um pesar tão profundo que decidiu abandonar sua antiga vida para morrer.

Albert trouxe alguns outros médiuns para seu círculo e eles se concentraram em fazer contato com a esposa do homem. Albert era um médium incrível e, como eu disse, esse círculo em Irvine era excepcional, mas não creio que esperavam o que aconteceu: a esposa do jovem apareceu em sua forma física, ali mesmo na sala de Albert, em um vestido de noiva. Ela falou diretamente a seu marido, reassegurando-lhe que estava bem e feliz, e que ele não deveria desistir de si mesmo.

Não é de admirar que após essa experiência extraordinária a vida do homem tenha mudado. O bem apessoado doutor que havia vindo à palestra para agradecer a Albert, vinte anos depois, havia se mudado para a América e se tornado um respeitado oncologista que, de fato, como o Espírito Guia previu, salvou muitas vidas.

O espírito não precisa se comunicar por um médium para intervir no destino das pessoas nesta vida. Fiz uma sessão privada em Londres, na primavera de 2005, para um jovem indiano que chamarei de Arun, que havia sofrido a horrível perda de dois membros de sua família. Inicialmente, ele estava muito nervoso e cético, exigindo saber se eu era capaz de ler seus pensamentos e, quando lhe disse que não podia, mas que alguém em espírito poderia captar o que ele estava pensando e se comunicar com ele por meu intermédio, não creio que ele tenha acreditado.

Deixei a cargo de seus parentes em espírito convencê-lo, o que fizeram, vindo de forma delicada, com alguns comentários sarcásticos e fazendo-o rir. Observei o homem gradativamente baixar a guarda e mostrar o quão vulnerável ficou após um ano de tragédias emocionais.

Aquela fora uma sessão incrivelmente terapêutica, mas então — senti que havia outro espírito tentando contatar esse homem. Desta vez era um homem jovem. Ele disse que havia levado um tiro pouco antes de seu 21º aniversário. O homem à minha frente assentiu, seu rosto demonstrando surpresa, já que havia perdido esse amigo anos antes.

O espírito então disse:

— Não está feliz porque salvei sua vida no Natal?

O homem ficou chocado:

— Como sabe disso? — ele me perguntou. Jurei-lhe que não tinha ideia de a que o espírito se referia, estava apenas transmitindo a mensagem. Quando a sessão terminou, ele me explicou o que acontecera.

Como a família sul-africana, ele esteve na Tailândia para o Natal, com sua namorada e seus quatro filhos. Na véspera de Natal teve um impulso incontrolável de trocar de hotel, porque o lugar onde estavam não ofereceria propriamente uma festa durante os feriados — tanto álcool como dança estavam proibidos ali. Suponho que eles poderiam ter ficado onde estavam e ter celebrado em um restaurante ou clube, mas ele não resistiu à impaciência, então, fizeram as malas e se mudaram.

O novo hotel escolhido era muito mais longe do mar e os acomodou muito bem. Na manhã seguinte ao dia de Natal, ele agendou uma aula de mergulho para ele e as crianças às sete horas da manhã, mas como também havia programado assistir a uma banda que tocaria na noite de Natal, eles celebraram com estilo, bebendo e dançando até altas horas.

Na manhã seguinte, ele abriu os olhos turvos, foi até a janela, afastou as cortinas e olhou para o relógio de pulso. Era nove horas — ele perdera a aula de mergulho. Se amaldiçoara pensando que havia desapontado as crianças, quando se concentrou na cena do outro lado da janela.

Sua namorada juntou-se a ele e perguntou:

— Onde está tudo?

Tudo o que podiam ver era água. Os prédios foram embora. Seu antigo hotel havia sumido. As árvores, os carros e as pessoas haviam desaparecido.

Eles se entreolharam horrorizados, mal conseguindo entender o que havia transformado o cenário abaixo deles.

— Meu Deus — foi a próxima reação —, onde estão as crianças?

Eles correram até o quarto das crianças, mas estava vazio. Correram para cima e para baixo pelos corredores chamando por elas, procurando em todos os lugares onde achavam que poderiam estar, até que as encontraram na piscina da cobertura, divertindo-se alegremente. A família inteira havia ignorado completamente o tsunami.

O homem me disse que a primeira coisa que ele fez foi tirar sua família de lá, mas não foi com eles, ficando para trás para ajudar aos outros. Ele teve uma importante participação nos esforços de resgate.

Sentado em minha sala, ele disse:

— Sabe, quando tive aquele impulso de trocar de hotel, algo em meu coração me disse que era fora do comum. Senti como se fosse uma inspiração divina, mas até hoje realmente nunca parei para pensar em por quê, e você confirmou isso para mim.

Intervenção por alguém em espírito representa parte de uma linha de tempo importante também. Se perdemos um provável final por causa de um aviso espiritual, então, esse aviso veio porque era parte do nosso destino.

Mensagens espirituais muitas vezes chegam como resultado de uma incrível cadeia de sincronicidade, que atrai a pessoa para a comunicação. É comum para alguém que nunca imaginou frequentar um Centro Espírita achar uma série de coincidências atraindo-o para receber uma mensagem particular em determinado momento.

Uma amiga minha vivia com um homem que ela amava, mas cujo mau temperamento às vezes a assustava. Ele começou a ficar cada vez mais possessivo e obcecado com a ideia de que ela poderia sair com outros homens. Um dia, uma velha amiga dela reapareceu em sua vida e começou a contar sobre suas visitas a um Centro Espírita, onde disse que recebia muitas mensagens. Minha amiga ficou intrigada e, pouco depois, participou de uma sessão. Seu namorado permitiu que ela fosse porque imaginou que haveria principalmente mulheres lá e nenhum homem para roubá-la.

No templo, ela se sentou em silêncio, ouvindo como entes queridos em espírito vinham e davam provas, e suas famílias na plateia sorriam ao ouvir como estavam felizes do outro lado e como ainda se importavam com elas.

Então, o médium no palco a mostrou, dizendo:

— Aquela moça. Tenho sua mãe aqui.

Como havia perdido a mãe recentemente, minha amiga aceitou o chamado, esperando receber uma mensagem como os outros haviam ouvido, mas para seu horror, o médium continuou:

— Sua mãe disse que você precisa abandonar sua casa. Há uma arma lá, que você encontrará se procurar, e ela tem uma bala destinada a você.

Você pode imaginar a consternação que isso causou. Minha amiga emudeceu. Levantou-se um pouco trêmula e foi embora para casa. Ao chegar, correu instintivamente direto até o guarda-roupa do parceiro e vasculhou entre suas roupas. Lá estava a arma sobre a qual sua mãe a havia alertado. Ela a colocou de volta no lugar, pegou algumas coisas e fugiu.

Você ignoraria uma mensagem como essa vinda de um espírito?

3

Tive uma premonição?

Na semana seguinte, o telefone tocou bem tarde, e quando atendi percebi que um amigo estava muito ansioso do outro lado da linha. Seu filho adolescente acabara de partir em viagem com a escola para a África do Sul, e ele se encontrava em tal estado de nervos que estava convencido de que o garoto ia morrer.

— Tive um sonho em que ele morria — disse ele. — Deve ser uma premonição. Diga-me, ele vai ficar bem ou devo impedi-lo de ir?

Isso aconteceu apenas alguns dias após outro amigo, um empresário, ter me ligado de um aeroporto do outro lado do mundo, em pânico:

— Acabei de sair do avião — disse ele.

— Oh, onde você está? — perguntei, pensando que ele devia estar de férias em algum lugar excitante.

— Eu acabara de entrar na aeronave — continuou ele, ignorando minha pergunta —, e tive o pressentimento de que o avião cairia após a decolagem. Então saí do avião antes disso. Fiz bem, não fiz? Aquela premonição deve significar algo.

Quando você tem um medo repentino e uma imagem terrível cruza sua mente, é tentador acreditar que é um "pressentimento" avisando para que não faça algo, uma premonição de algum tipo de desastre. Certamente testemunhei vários episódios distintos de segunda visão na minha vida quando estava semiconsciente e vi, por exemplo, meu irmão sofrendo um acidente que de fato ocorreu no dia seguinte. Eu sempre soube quando um desses "sonhos" era uma verdadeira premonição, porque eles sempre terminam com um estalo em meus ouvidos, como se eu estivesse voltando para o tempo e espaço presentes. Poderiam meus amigos terem sentido ecos do futuro também?

Quando alguém me fala sobre uma "visão do futuro", preciso examinar atentamente o que eles pensam prever e onde estão agora. Nesses casos, bastou um momento para perceber que os "ecos" vinham do passado desses homens, e não do futuro. O pai com o filho adolescente acabara de perder seus pais com uma diferença de um mês entre eles, enquanto o empresário havia perdido uma tremenda quantidade de dinheiro e parte considerável do seu negócio. Seus sonhos e medos eram mais pavor do que premonições, e estavam baseados em terríveis acontecimentos da vida que eles temiam que voltassem a atacar. O medo e a perda eram tão avassaladores que haviam contaminado seu pensamento. Eles queriam que eu lhes assegurasse o futuro, mas estavam negligenciando algo que estava neles naquele momento.

Falei ao empresário que não poderia dizer-lhe para voltar ao avião porque obviamente ele teria um péssimo voo e chegaria com os nervos em frangalhos. O avião decolou sem ele e não caiu, mas ele teve um trabalho infernal para reorganizar os detalhes viagem e ficou para trás irritado no aeroporto. Quanto ao pai, tentei tranquilizá-lo e só esperei que seu medo não atrapalhasse as coisas para o filho na que poderia ser a melhor viagem da vida dele. O garoto sobreviveu bem na África do Sul, apesar do sonho do seu pai.

O problema é que quando você se encontra mental e emocionalmente entre o medo e a escuridão, todo pensamento é distorcido pelo medo. O empresário poderia ter viajado na primeira classe, tendo as uvas descascadas pela aeromoça, e o pai poderia ter ido a um bar com os amigos, tirado uma folga dos cuidados exaustivos que tinha com o filho e das cobranças pelas tarefas, mas ambos estavam presos em suas emoções e medos.

Apesar de ter experiências mediúnicas genuínas e casos reais de premonição quando menino, eu também era assombrado pelo medo terrível de que meus pais morressem. Tenho certeza de que muitas crianças passam por isso. Minha mãe sairia para as compras e eu a imaginava atropelada por um carro, meu pai se atrasava meia hora na volta para casa e eu o imaginava morto de ataque do coração. À medida que tive premonições reais, fui ficando mais e mais temeroso dessas "visões" relacionadas a meus pais. E se alguma delas se realizasse, certamente todas elas, cedo ou tarde?

Bem, meu pai morreu tranquilamente em sua cama de hospital aos 82 anos e minha mãe continua conosco, e isso só serve para mostrar como minhas "premonições" estavam erradas. Quanto tempo eu perdi pensando em coisas horríveis que nunca aconteceram? E não parei nem depois de crescido. Quando jovem, sempre achei que morreria cedo, e me lembro de sentar perto de meu filho quando bebê e pensar: "O que vai acontecer com ele sem um pai? E se ele morrer? Conseguirei suportar?". Acho que todos os pais passam por isso, até os mais tranquilos.

Foi um desperdício de energia, contudo, mas mais importante, um terrível estado de espírito para tomar decisões. Se meu amigo empresário não pegou nem um avião sem pensar em tudo como presságio, como ele poderia assumir um novo e arriscado empreendimento?

É raro que as pessoas deparem com uma visão premonitória, e quando a sentimos não é algo que escolhemos. Apesar de ter muitos sonhos preditivos ou impressões repentinas de que algo aconteceria a um amigo, não é algo que eu escolhesse ligar ou desligar quando precisasse.

O famoso médium William Thomas Stead psicografou muitos desenhos de transatlânticos afundando e escreveu dois contos de desastres marítimos imaginários, um deles envolvendo um navio da White Star Line, mas mesmo assim embarcou no *Titanic,* em Southamptom, e afundou com ele.

Se, como para Stead, houver um evento significativo em seu futuro que vá envolvê-lo diretamente, uma visão ou sensação de que algo sinistro está para acontecer pode vir da sua própria história pregressa e afetá-lo diretamente. Visões ou sensações podem também indicar que ocorrerá algo de grandes proporções em sua época, algo que cause grande comoção, como estar em Glasgow assistindo as Torres Gêmeas desabarem do outro lado do mundo. Nós podemos não ter consciência das forças que nos empurram ou afastam de certas situações, mas sempre será algo fora do comum.

Conheci muitas pessoas que desejavam que eu lhes dissesse como seria seu futuro para que pudessem relaxar ou se preparar para o pior. Seus negócios seriam bem-sucedidos? Encontrariam um marido? Seus filhos ficariam bem? Sei que só querem ser poupadas de uma vida de incertezas, mas eu não posso distribuir esse tipo de informação. É raro que eu tenha o que se chama de mensagens premonitórias. O que é até bom, porque se eu recebesse mensagens sobre o futuro de todo mundo o tempo todo, não me sobraria tempo para mais nada.

Há várias maneiras comprovadas e confiáveis de se prever o futuro tentando observar sequências de eventos — da leitura de folhas de chá e mãos à análise de bolas de cristal, observação do voo de pássaros e jogo de cartas de tarô —, mas todas têm suas limitações. O resultado sempre envolverá a situação e o lugar onde você se encontra no momento da leitura, e nada é garantido. A pessoa que faz a leitura pode prever que, no futuro, você enfrentará um dilema e, se escolher uma opção, acabará encontrando uma pessoa especial, ou escolhendo a outra encontrará alguém completamente diferente. O que ela não pode é prever sua vida inteira e cada emoção que você terá ao longo de toda a sua história e de suas experiências e seus desdobramentos. Ela só pode pegar o estado em que você se encontra diante dela e fazer uma previsão baseada nisso.

Se você usa um sistema como o tarô com frequência, tenha consciência das razões que o levam a fazer isso. Muitos de nós procuramos desesperadamente por respostas aos problemas de nossa vida, mas o primeiro lugar que devemos olhar para resolvê-los é para dentro de nós mesmos, identificando a natureza dos nossos medos e verificando o que podemos fazer para superá-los e viver a vida dia após dia. Qualquer bom praticante de tarô sabe que ele contém lições e inspirações, não respostas. Se você recorrer às cartas em busca de uma resposta definitiva sobre o futuro, impedirá que as coisas se desdobrem sem essa influência mágica "externa".

Há um caminho, no entanto, pelo qual eu acho que *podemos* conseguir uma visão instantânea de uma sequência de eventos que esteja por vir. Na primavera de 2009, quando viajava pelo Reino Unido para fazer a divulgação de um livro, alguém na plateia de Edimburgo me fez uma ótima pergunta:

— Será que temos o que se chama de *déjà-vu* já que a vida de cada um de nós tem um projeto e aquele acontecimento específico é parte do seu destino?

Eu gostei da ideia de que, já que tudo nos foi deixado em algum lugar no éter, poderíamos ter vislumbres disso de quando em quando.

— Pode ser — eu disse. — Faz sentido. Não é uma vida passada, mas algo desta vida que você tramou para que estivesse aí, e aí está.

Déjà-vu mostra que há uma força maior que acompanha você. A forma como o atinge e penetra em seu corpo e mente, fazendo-o sentir como se fosse nocauteado e fora da realidade por um segundo, mostra que isso envolve uma conexão com a sua consciência superior.

O engraçado é que, na noite seguinte da excursão do livro, outra pessoa me fez a mesma pergunta, com as mesmas palavras. E a mesma coisa aconteceu no dia seguinte, e no dia seguinte após este. Se isso não é *déjà-vu*, eu não sei o que é.

4

Podemos saber quando vamos morrer?

Em 1994 a revista *Psychic News* concedeu o prêmio Espírita do Ano, que seria apresentado no Teatro Lewisham. A casa estava lotada com mais de mil pessoas, e quando o nome de Albert Best foi chamado houve uma grande salva de palmas em reconhecimento ao seu trabalho incrível. O que aconteceu em seguida deixou a plateia muda.

Albert foi até o palco para receber seu prêmio e, para sua surpresa e para horror de todos os outros, ele espontaneamente deu um recado.

— Você aí, sim, aquela senhora. Você mora em Chelsea? — ele perguntou, apontando para uma senhora idosa na plateia e depois dando o nome da rua e o número de sua casa.

— Sim, eu moro lá.

— Seu marido está aqui — Albert falou, e deu o nome do homem.

— É ele mesmo — ela concordou.

— Você se encontrará com ele — disse Albert e, então, em frente à plateia boquiaberta, deu a data e a hora da morte dela.

Você poderia ouvir um alfinete cair no chão naquele momento. Era escandaloso — médiuns não devem fazer previsões na frente de todos desse jeito. Como esse médium brilhante ousara ultrapassar esse limite? No que ele estava pensando?

Todos estavam se perguntando que tipo de inferno aquela pobre mulher passaria quando se pronunciasse.

— Obrigada, senhor Best. Eu estava esperando para ouvir isso — e ela não parecia estar nem um pouco incomodada.

Na publicação seguinte, a *Psychic News* colocou uma manchete sobre essa previsão 'maldosa', mas, uma semana depois, publicaram uma retratação. A mulher havia morrido precisamente quando Albert previra e sua família disse à *Psychic News* que ela ficara muito feliz em receber o aviso, pois estava pronta para ir e preferiria que fosse o mais cedo possível.

Perguntei ao Albert como era possível que fizesse aquilo e ele deu de ombros.

— Gordon, foi espontâneo. Todas as previsões são. Você não consegue inventá-las, não consegue freá-las quando elas vêm, não consegue influenciá-las. Se alguém mais naquela plateia tivesse me perguntado quando morreria, eu não conseguiria dizer.

Algumas pessoas excepcionais sabem muito bem quando passarão a ser espíritos. Minha tia Sylvia pôde verificar quanto tempo ainda tinha quando estava morrendo de câncer de estômago por causa dos anos que passara como enfermeira da oncologia, observando os doentes atravessarem aqueles estágios finais.

Muito novo, quando eu ainda não sabia que era uma pergunta terrível a ser feita para alguém, perguntei à senhora Primrose se sabia como iria morrer, e embora ela tenha franzido o cenho, disse:

— Na verdade, filho, eu sei.

— Como você soube disso e quem contou a você?

Ela respondeu com muita simplicidade.

— Um espírito me contou que eu vou cair no sono em minha cadeira e, então, simplesmente caminhar para fora do meu corpo.

Cerca de dois anos depois, foi exatamente o que aconteceu. Seu ajudante achou-a sentada em sua cadeira com um sorriso no rosto e um monte de presentes de Natal embalados e etiquetados.

O nome da minha amiga Dronma uma vez foi mandado para um astrólogo budista tibetano, que lhe devolveu um gráfico detalhado de sua vida, apesar de não ter nada além de seu nome para usar. Não havia uma única linha do destino, era mais uma árvore cheia de galhos: se ela fizesse essa escolha, sua vida seria dessa forma; se fizesse outra, seria daquele jeito. E incluía não uma data de partida, mas três — a primeira quando ela estivesse com cinquenta anos e tivesse passado por uma grande cirurgia. Ela foi operada na época e isso salvou sua vida, mas acha que os médicos a salvaram porque ainda tinha algo a fazer: conhecer um lama e presenteá-lo com uma *thangka*, uma pintura votiva, que ela fizera. Seu próximo desligamento previsto (como realmente foi) era aos 66, o que ela considerava ser bem razoável.

O que você faria se tivesse essa mesma visão? É um pensamento aterrador e a única maneira de transformá-lo em uma vantagem é usar o tempo para preparar a si próprio e aos entes queridos, viver bem até o último momento e mirar alto no próximo mundo.

Sempre me lembrarei de uma senhora formidável que conheci na igreja espírita, em Glasgow, chamada Effie Ritchie: uma dessas grandes almas que parecem ficar mais generosas quanto mais dão de si mesmas. Perto do final da vida, quando estava muito doente, passou por uma fase na qual ficou muito assustada e me chamou para uma conversa. No final, ela disse:

— Certo, eu tenho que ter outra conversa com Deus e resolver isso — e no dia seguinte ela me ligou parecendo ser a senhora que eu conhecera antes. Deus certamente havia esclarecido uma ou duas coisinhas e ela queria que eu arrumasse o cabelo dela para que estivesse apresentável quando o encontrasse.

Ela estava em casa — na sala, não no hospital — nos últimos dias e tinha todos os seus filhos e netos com ela, criando uma atmosfera verdadeira de normalidade para todos, não apenas para ficar mais fácil para eles, mas também porque estava vivendo intensamente até o último suspiro. Eu me lembro dela rindo a valer quando o corretor de seguros veio e tentou convencê-la a aumentar sua apólice.

— Esses homens são engraçados, não são? — ela engasgou, e renovou seu seguro por uma semana e nada mais.

Bem no final ela fez uma sessão, e que gesto de amor aquilo foi!, trouxe seus filhos ao mundo e os ensinou como viver nele. Agora, ela os ensinava como deixá-lo.

5

Posso mudar meu destino?

Quando comecei a frequentar as aulas de mediunidade e meditação, passei então a me dar conta do quanto de vida, e o que poderia ser chamado de destino, estava fora do meu controle. Alguns eventos são óbvios — marque férias na França e você provavelmente acabará indo mesmo de férias para a França —, mas às vezes você não tem ideia de quando teve início uma série de eventos que terminarão em algo devastador para si próprio. É como se estivesse em uma escada rolante que o conduz a um final inevitável.

Uma das coisas mais difíceis é reconhecer o que você pode e o que não pode mudar. Às vezes pensamos que temos a vida resolvida e que as coisas correrão de acordo com um plano que fizemos, e então, de repente, tudo desmorona.

Conheci uma mulher chamada Heidi, que começou a sair com um jovem muito bonito, chamado Daniel. Desde o começo ela tivera ideias muito definidas sobre como seria o futuro deles. Depois de certo tempo, eles ficariam noivos; depois se casariam, e a primeira casa deles seria em tal rua, com um quarto extra, mas quando ela engravidasse, em determinada idade, se mudariam para uma casa maior... E assim por diante. Ela parecia ter tudo planejado pelos próximos cinco anos, inclusive quais Natais eles passariam com a sua família e quais passariam com seus sogros. E nós dizíamos:

— Heidi, você só saiu com ele para tomar alguma coisa! — mas ela o tinha conquistado e a todo o resto também. Eles se casaram, tiveram um bebê, compraram a casa grande e nós todos estávamos realmente impressionados, mas, então, o bebê morreu. Todos nós sofremos por ela. Entretanto, não era uma punição por se atrever a ser feliz, foi apenas uma daquelas coisas que acontecem.

Você pode planejar um pouco sua vida e ter objetivos — digamos, você quer conseguir certo emprego quando você tiver 30, ou preferiria ter filhos antes dos 40 —, mas se você realmente se vê em uma data específica, em uma data particular fazendo determinada coisa, então, você pode estar deixando escapar o que podem ser as partes mais importantes de sua vida. Por que apagar toda uma gama de possibilidades, pois você está tão concentrado em ter, daqui a cinco anos, uma casa com duas vagas de garagem, um cachorro e dois filhos? Você pode conseguir chegar lá, mas perdeu experiências de vida das quais precisaria muito. E se, digamos, você alcançasse o objetivo de ser rico e bem-sucedido, e então olhasse para trás, para aqueles anos de trabalho, e se desse conta de que não deu atenção a seus filhos e ao que estava acontecendo na vida deles, e que agora eles são estranhos para você? Que lembranças incríveis e inspiradoras você perderia no caminho? É quando algumas pessoas acordam e tem uma crise.

A vida está relacionada a mudanças. Tem tudo a ver com escolhas e tem tudo a ver com forças maiores que sustentam essas escolhas. O momento em que você percebe que não foi feito para conter aquele fluxo ou tentar mudar a direção dele é muito libertador. Você alcança um estado mental mais relaxado, que facilita lidar com a próxima situação que surgir.

Você consegue atingir um nível no qual pode ser espontâneo de uma maneira positiva, uma forma que não é infantil ou descuidada. Não tem a ver com um planejamento rígido, mas com reconhecer que precisará lidar com mudanças constantes. Com esse tipo de espontaneidade, você buscará a decisão que tem que ser tomada, em vez de se sentar e pesquisar os prós e contras. Ela apenas vem, e você acaba se encontrando também indo em direção a ela. Esse é o momento em que você segue com sua vida. E é por isso que encaminhar pessoas aos seus destinos é apenas tentar encaminhá-las para o tempo e espaço presentes.

Na minha opinião, essa calma vem de dentro. É sua parte mais profunda. E você apenas pode dançar conforme a música quando está no controle de suas emoções — e, com isso, é claro que não quero dizer reprimi-las, apenas que não as deixe minar seus planos. De outra maneira, ficará perdido em hipóteses: "E se eu fizer tal coisa e aquilo acontecer?" Isso leva o medo para dentro de si e o deixa influenciar seu eu profundo. Você não pode parar o universo ou controlar quais sequências de eventos vão atingi-lo, mas você pode parar de gerar, durante a maior parte de sua vida, um ciclo de medo absoluto.

Coisas ruins acontecerão, é verdade, mas há também um monte de vivências e oportunidades intensas e boas no nosso caminho se nós relaxarmos o suficiente para encontrá-las e apreciá-las quando elas realmente aparecerem. Permaneça interessado, não temeroso. Lembre-se de que há muitas sequências de eventos acontecendo em sua vida, e que nem todas terminam em sofrimento.

Na última vez em que estive na África do Sul fiquei conversando com o motorista do táxi que me levava por Soweto até meu próximo compromisso.

Seguíamos por uma estrada ladeada por pessoas agachadas no chão sujo, vendendo comida e roupas. Eu sabia onde essas pessoas moravam. Não era possível chamar aquilo de 'boas condições de vida', ou sequer de 'condições de vida' — pequenas cabanas de metal ondulado, abarrotadas com famílias inteiras no calor; poeira e moscas em toda parte e quase nenhum meio que levasse a uma mudança de vida que lhes permitisse escapar das favelas.

Eu já havia tomado conhecimento de crimes horríveis cometidos ali, mas quando vi o lugar com meus próprios olhos, consegui entender como era difícil para essa gente viver ou pensar de qualquer forma que fosse normal. Você poderia se virar vendendo qualquer coisa que arranjasse ou poderia tentar cultivar algo (mas como, nessas ruas abarrotadas e empoeiradas?), ou poderia roubar alguma coisa — e roubar geralmente significa violência. Um homem me contou que a vida na prisão era melhor que a vida nesses vilarejos. E eu acreditei nele.

Quando íamos pela rua, o motorista do táxi ficou em silêncio por um momento, depois disse:

— Eu me vejo parado com essas pessoas perto da estrada cada vez que passo aqui.

— Você veio daqui? — perguntei.

— Eu vim desta rua — ele disse. — Comecei vendendo coisas na beira da estrada também.

Perguntei-lhe como conseguira sair e ele disse que sua esposa havia feito roupas para que ele as vendesse na rua, mas que ele tivera um pouco mais de ambição do que isso. Ela era uma costureira tão boa que ele levara seu trabalho para as lojas dos brancos, e as pessoas gostaram do que viram e compraram as roupas. A filha dele era uma costureira talentosa também, então investira em um pequeno galpão e em algumas máquinas de costura e os três começaram um negócio. Assim, ele não precisou mais ir para a beira da estrada para vender roupas, conseguiu comprar um Mercedes e trabalhar como motorista de táxi. E, como consequência de todo esse trabalho, ele e sua família começaram a empregar mais gente, compraram uma casa própria e seu filho pôde frequentar uma universidade no exterior.

— Toda vez que passo por essa gente, agradeço a Deus pelo que tenho — ele acrescentou.

Mas eu não conseguia deixar de pensar que isso não tinha nada a ver com Deus. Ele e sua família haviam se erguido da lama simplesmente porque tiveram personalidade e determinação.

Aquele homem me ensinou que há um jeito para sair de cada situação, e que isso não tem nada a ver com ordem cósmica ou com fazer orações pedindo somente força. Ele procurou isso e se agarrou à oportunidade. Ele é um exemplo para todos nós: mesmo uma flor consegue crescer no concreto.

Eu acho que essa boa sorte pode vir também de um estado de espírito e de decisões acertadas. Se você está predisposto e positivo, é mais provável que boas oportunidades surjam e que você esteja preparado para agarrá-las quando surgirem. Foi exatamente o que esse homem fez. Pode ser preciso um longo caminho de árduas experiências antes que você atinja o ponto em que possa fazer isso, sempre vale a pena.

Um dia, quando saí para fumar um cigarro depois de uma demonstração em Londres, conheci uma jovem que estava na plateia e que, embora não tivesse nada para perguntar, estava claramente prestando muita atenção em todo mundo, não apenas em mim.

—Você sabe — ela disse —, quando aquela mulher levantou-se e perguntou: "Por que as pessoas fazem coisas ruins constantemente?", eu pensei comigo: "Meu Deus, aquela mulher está brava. E isso é o que a mantém".

Fiquei intrigado com sua reação e perguntei-lhe de onde vinha, então, ela me contou sua história.

Quando adolescente, ela era uma menina inteligente de uma família amorosa, mas acabou se envolvendo com uma turma maldosa, e um dia acabou sendo atacada e estuprada por um dos meninos da gangue. Ela não teve apoio da polícia ou das outras pessoas para quem contou o ocorrido. As pessoas tinham medo do menino, e ele acabou nunca sendo processado.

Depois disso, ela passara a odiar o mundo, furiosa pelo fato de ele ter saído impune desse crime. Ela realmente perdeu o rumo. Caiu nas garras de um grupo de pessoas ainda pior e começou a sair com um traficante de drogas. Ela mesma estava usando drogas, a essa altura, e brigando com sua família e amigos, gerando muita dor a todos os envolvidos. Começou a fazer vendas para seu namorado e ele resolveu que ela iria se envolver definitivamente com todos os aspectos do 'negócio'. Por causa de toda a raiva que sentia, ela não se valorizava, logo não viu problemas em se comprometer mais e mais.

No fim, foi presa por tráfico de drogas antes que pudesse se enredar de forma mais profunda e ficou presa por nove meses. Ficou presa com muitas mulheres que cometeram crimes horríveis e realmente imaginou que esse era o meio ao qual pertencia. Ela achava que não servia para nenhuma outra coisa e desejava apenas não existir.

Quando saiu da prisão, era como se o mundo todo concordasse com ela. Tinha boas qualificações, mas ao se candidatar a uma série de empregos, foi rejeitada todas as vezes. Ela não conseguia pensar que haveria outra razão para isso, senão a de que estava amaldiçoada — por que deveria passar por isso e o rapaz que a tinha estuprado anos antes não?

Finalmente, em uma nova entrevista, ela passou. Sentou-se diante do proprietário da empresa e começou a falar.

—Vou seu franca sobre o intervalo em meu currículo — ela começou, e contou a ele toda a história, do estupro ao tráfico de drogas, até o tempo que passou na prisão, enquanto ele lutava para esconder o susto. Na verdade, era a primeira vez que ela contava tudo a alguém, e talvez isso tenha mudado completamente seu comportamento — mesmo quando você não está realmente mentindo, ao tentar esconder algo tão importante, acaba parecendo tenso.

E a coisa mais impressionante foi que, quando acabou, o homem pigarreou, empurrou seu currículo e disse:

—Você precisa de uma chance e eu vou oferecê-la a você.

Ele a empregou.

E esse foi o ponto a partir do qual sua 'má sorte' mudou e sua vida começou a melhorar. Como muitas pessoas que passam por algo terrível, ela reagiu a isso tornando sua vida pior para ela e para aqueles ao seu redor. Tinha tanta raiva que ninguém conseguia chegar perto dela, mas agora havia percebido que sua mãe era compreensiva, e estava apta a se reinventar.

O ataque a deixara assustada, e esse medo se transformou em raiva que funcionara como uma maldição em sua vida, mas uma maldição que, como se verificou, conseguira reverter.

O carma — ou a sorte — que ela tinha, assim como qualquer outra pessoa, fora criado por suas ações, pelo que ela escolhera fazer em um dado momento, devido ao que ela sentia. Inicialmente foi incapaz de superar o que acontecera. Ela se sentiu desvalorizada e brava, sua vida girava fora de controle, mas quando foi sincera sobre quem era e como chegara até ali, viu uma luz na escuridão e os outros reconheceram isso nela.

Se você cria uma atmosfera de má sorte à sua volta, parará de evoluir e provavelmente haverá consequências, algumas das quais são óbvias e diretas.

Eu tinha um cliente em meu salão de cabeleireiro que, dirigindo bêbado, atingiu um carro e feriu gravemente uma criança. Ele perdeu a habilitação e, como seu emprego dependia da sua permissão para dirigir, perdeu o salário também. Vejam o que aconteceu: esse homem colocou tudo na conta da má sorte. Ele realmente imaginou que como aquela tinha sido a primeira vez que ele tinha dirigido sob a influência do álcool, era um tipo de coincidência terrível que uma criança tivesse se ferido. Mas o processo todo havia começado com a decisão, que ia contra os melhores instintos, de dirigir quando o teor alcoólico de seu sangue estava acima do limite razoável e permitido. Sim, havia uma chance de que ele pudesse chegar em casa em segurança, mas foi ele que introduziu a possibilidade de alguém ser ferido. E sua inabilidade de se responsabilizar por isso o manteve sem a percepção de suas próprias escolhas na vida.

Quaisquer que sejam as circunstâncias, todos nós temos alguma margem para manobrar e fazer escolhas. A percepção disso geralmente acontece quando surge um daqueles momentos decisivos na vida, que estão além do nosso controle. Uma das minhas amigas em Glasgow, Christine Peebles, tornou-se um ótimo exemplo de como entender o destino. Contei algumas de suas histórias em outros livros, porque elas alteraram o curso da minha própria vida.

Ela trabalhou no salão de beleza comigo e perdeu um de seus irmãos, Brian, em um incêndio. Quando ela estava de luto por ele, nós fomos a um Centro Espírita pela primeira vez. Lá, ela recebeu uma mensagem da médium Mary Duffy. O que eu nunca descrevi foi a forma como Christine passou por essa época sombria e como ela agiu de forma incrível perante tudo isso. A história dela é um exemplo memorável para mim, do que pode ser alcançado mesmo nas mais difíceis circunstâncias.

Christine deve ser perdoada por pensar que estava fadada a uma vida terrível — acredite ou não em maldições familiares, 'berço ruim', ou em pessoas que 'não servem para nada', ela não teve o melhor dos começos. Sua mãe morreu em circunstâncias trágicas quando ela era muito nova, deixando-a e seus irmãos sozinhos quando eles ainda não eram adultos. Depois da morte da mãe, Brian e Christine deixaram a antiga casa da família, uniram-se e decidiram dividir uma casa. Para conseguir um lugar maior, eles alugaram um quarto para um rapaz chamado John, que era amigo de Brian. Brian escolheu um quarto no último andar da casa. Ele quase conseguiu atear fogo a tudo certa noite, quando resolveu cozinhar uns ovos e pegou no sono. Mas, uma noite, seis semanas depois que haviam se mudado, Christine acordou e viu chamas saindo pela porta de seu quarto e os bombeiros invadindo sua casa. Ela tentou ir até a sala para achar Brian, mas não conseguiu vê-lo em lugar nenhum. John a impediu de correr para dentro das chamas. Brian não conseguiu sair.

Brian era o irmão mais velho de Christine, um garoto tranquilo e de boa aparência, que era quase toda a família que ela tinha no mundo. Ela passou por todos os estágios do luto — o terror, a tristeza e a raiva, de si e de Brian.

— Você não tem ideia — ela me disse — do número de noites que eu passei me martirizando, dizendo: "Sua idiota, por que você não o salvou?".

Ela estava furiosa com ele também, por realmente haver incendiado a casa naquela vez.

Nosso salão ficava em uma das partes mais violentas de Glasgow, e nós tínhamos muitos drogados e alcoólatras como clientes. Tentávamos ajudar, mas Christine em princípio achava difícil aturá-los, porque sentia que eles estavam desperdiçando suas vidas enquanto seu irmão havia perdido a dele. John era a única pessoa que conseguia entender o que ela havia passado e, finalmente, acabaram se casando e tiveram uma menina.

Cinco ou seis anos depois do incêndio, recebi a primeira mensagem de Brian. Eu estava de férias nos Estados Unidos e sonhei com ele me mostrando o que aconteceu. Ele havia chegado em casa depois do trabalho, pegou uma bebida, acendeu um cigarro e cochilou no sofá. O cigarro caiu no chão e o carpete pegou fogo. Brian acordou e correu para a pequena cozinha que eles tinham. Ele tentou usar toalhas molhadas para apagar o fogo, mas havia grades nas janelas e ele ficou preso. Ele colocou uma toalha sobre a cabeça e, antes que os bombeiros pudessem alcançá-lo, havia sufocado. Seu corpo nem tinha sido queimado. Christine disse que não queria saber exatamente o que acontecera com ele, então, fiquei quieto quanto ao sonho.

Naquela época, ela e eu íamos a uma aula de meditação juntos e uma noite, quando estávamos sentados conversando depois da aula, ela me perguntou por que eu nunca recebera uma mensagem do Brian para ela. Então, tive de admitir que recebera alguma coisa dele.

— Ele está bem — eu disse, e deixei por isso mesmo, mas ela não seria enganada.

— Tem mais coisa do que isso, não tem?

Finalmente, contei a ela a história toda.

Algumas semanas depois, uma amiga dela que trabalhava em um clube de jovens, participou de uma palestra dada pelo corpo de bombeiros local e ficou conversando com um dos bombeiros. Ela perguntou em qual distrito ele trabalhava, e ele respondeu:

— West End, Glasgow.

— Ai, meu Deus, o irmão da minha amiga morreu em um incêndio lá — ela disse.

O bombeiro perguntou se fora no Buckingham Terrace e ela confirmou. Então, ele contou-lhe como tinham achado Brian e tudo que eu contara para Christine coincidiu.

Quando Christine soube dessa segunda confirmação, disse que realmente se sentia melhor sabendo como tudo acontecera — Brian obviamente queira que ela soubesse de tudo, como prova de que ainda estava com ela. Pela primeira vez, sentiu que ele tentava ajudá-la a entender o que havia se passado.

Lentamente, começou a parar de se sentir 'como um zumbi' e voltou à terra dos vivos. Ela começou a acordar e a se desenvolver espiritualmente, e parou de ficar tão brava. Ela me disse:

Brian não foi tirado de mim, ele morreu. Por sua própria mão. Ele não merecia isso, apenas aconteceu.

Ela percebeu que não havia razão para ficar tão brava com ele por isso ou ameaçar Deus. E embora seu casamento não tenha durado, ela sabia que nunca teria tido esse relacionamento ou sua filha se Brian não tivesse morrido.

Depois de um tempo, ela também começou a pensar em caminhos nos quais poderia fazer a diferença. Deixou de ser cabeleireira, conseguiu um emprego em um departamento de assistência social e usou cada oportunidade que apareceu para treinar. Foi-lhe oferecida a chance de fazer uma faculdade e ela a agarrou, e logo se encontrou visitando casas como uma assistente social formada.

— Achei que eu havia tido uma vida ruim — ela me disse — mas então vi os tipos de abusos que as crianças sofrem, experimentam e sobrevivem. E eu tinha de tomar decisões que mudassem a vida das pessoas.

Ela refletiu sobre a perda de sua mãe e percebeu que poderia ter levado uma vida muito diferente. Crescera cercada pelo carma ruim de outras pessoas, mas se recusou a deixá-lo fazer parte da sua vida.

— Muitas vezes eu pus a culpa na má sorte e praguejei — ela disse —, e isso era o que eu precisava dizer a mim mesma na época. Mas há pessoas que dizem isso a si mesmas e então assumem que todas as coisas ruins e dolorosas são uma continuidade da "maldição". Mas eu não queria fazer isso com a minha vida. Sabia que tinha o direito de ser feliz.

Ela se libertou e agora tem que usar esse mesmo senso crítico para fazer seu trabalho bem.

— Quando as coisas horríveis acontecem — ela me disse —, eu apenas pairo acima da situação e digo: "Isto é meu? Não. Eu não vou pegar ou possuir isso, isso não me pertence de jeito nenhum"; então, arregaço as mangas e continuo com o trabalho.

Com o seu trabalho ela está em contato com alguns dos modos de vida mais tristes e sombrios, uma lembrança constante do que poderia ter acontecido com ela, mas consegue racionalizar sobre isso tudo e pode dormir à noite. Mesmo com toda sua prática espiritual, ela mantém seus pés bem firmes no chão.

Observando-a ao longo dos anos, é incrível notar a pessoa íntegra na qual ela se transformou. Ela não se esqueceu de todas as tragédias pelas quais passou, apenas as aceitou, e aceitou que não foram sua culpa. Eu sempre achei que ela era impressionantemente corajosa, muito embora possa ser bem feminina e frágil, mas não acho que tinha consciência disso quando era mais nova. O tempo curou seu luto, mas ela também precisava levantar-se, fazer coisas e ir trabalhar, e foi exatamente isso que fez. Ela sabia o valor de estar no melhor momento da vida e de não tentar deixar isso para trás. Ela tem um crédito com as pessoas que sofreram perdas.

Uma vez ela me perguntou como seriam as nossas vidas se Brian não tivesse morrido. Eu sei que poderia ter sido um cabeleireiro com permanente e um bigode, mas quem sabe o que teria acontecido com Christine? O que sei é que ela tomou conta de seu carma e percebeu que mesmo uma sequência de eventos na qual você sofre uma enorme perda não é a única sequência de eventos em que você está. Na vida dela havia uma sequência de eventos que terminava com a morte de Brian e uma que começava com o incêndio e a levara a ajudar pessoas que precisavam desesperadamente de sua ajuda. A mudança do destino que significou que ela viveria enquanto Brian morreria acabou lhe conferindo uma lucidez impressionante e deu a cada novo dia um valor que não tinha antes. Ela conseguiu conhecer algumas das grandes verdades da vida e fazer a diferença para os outros. Você poderia dizer que ela foi 'salva com um propósito' — mas isso foi o jeito que *ela* achou para isso funcionar.

O truque é trabalhar com o que estiver ao nosso alcance. Alguns destinos não podemos mudar, mas a vida ainda nos dá muitas chances. Não podemos desviar da bala, tirar nossos entes queridos das chamas ou cancelar a viagem de avião que terminará em um desastre, a menos que nossas vidas estejam destinadas a trabalhar de outro modo, mas todos nós temos a oportunidade de fazer algo, de aumentar nosso conhecimento e ajudar os outros.

Se sofrermos a perda de alguém próximo a nós, podemos deixá-la abrir nossa mente. Não se torne fatalista — você não está aqui para perceber aonde sua vida o leva, para ser paralisado pelo medo ou para não fazer nada, você está aqui para tentar progredir emocionalmente, mentalmente e espiritualmente. Estas são as razões pelas quais todos nós estamos aqui.

No final das contas, não há nada para nos guiar e nos levar a seguir este ou aquele caminho, a não ser o destino — aonde quer que você chegue é onde você deveria estar. Você não consegue trapacear — só terminará onde sempre deveria estar.

6

Existe uma alma gêmea em algum lugar para mim?

Mesmo que as pessoas queiram fugir de seus destinos em alguns aspectos, há uma área na qual elas ficam bem felizes de pensar que o destino as colocará na sequência certa de eventos. Perdi a conta do número de vezes em que as pessoas me perguntaram sobre suas vidas amorosas. Estão no caminho certo? Um companheiro (a) faz parte dos seus planos de vida? Se elas passaram por algumas experiências ruins, significa que devam ficar sozinhas?

Alguns dos altos e baixos que experimentamos neste mundo vêm de nossa vida amorosa. É uma área da vida na qual temos que compartilhar partes muito profundas de nós mesmos, e esperamos que o cuidado e o afeto sejam retribuídos. Pode também ser cheia de incertezas, e as pessoas querem ter garantias de que irão encontrar o par perfeito.

Uma noite, na década de 1980, meu irmão Tommy saiu tarde, caminhando pela Estrada Tolcross, no final da parte leste de Glasgow. Viu algo brilhando perto da sarjeta e abaixou-se para ver o que era. Ele pegou uma aliança de casamento de uma mulher — um diamante, um solitário. Não havia uma alma na rua e como não sabia o que fazer com o anel, ele o levou para casa, enfiou em uma gaveta e esqueceu-se dele.

Vinte anos depois, estava sem emprego e separado da esposa. Uma noite, estava conversando com a funcionária do bar local e eles se deram bem. Começaram a se encontrar e, durante um desses encontros, Tommy contou-lhe sobre seu casamento. Ela o interrompeu e disse:

— Oh, eu já fiquei noiva uma vez, mas terminei. Nós tivemos uma briga feia na rua e eu tirei o meu anel e joguei fora.

A ficha caiu e Tommy se lembrou de repente do solitário de diamante.

— Onde foi essa discussão? Quando foi isso? — ele perguntou.

Ela disse:

— Oh, na estrada Tolcross — e contou a ele quando aconteceu.

—Você não vai acreditar — Tommy falou e ela *não* acreditou até que ele desenterrou o anel e mostrou a ela, e é claro que era o mesmo diamante que ela jogara na sarjeta tantos anos atrás. Ela e Tommy estão casados agora. Foi uma coincidência ou um pequeno sinal que, uma vez que estavam juntos, lhes deu uma pequena prova de que eles estavam no caminho para se encontrar?

Acho que é quando estamos pensando sobre nossas vidas amorosas que empregamos a esmo, de modo despreocupado, palavras como 'sorte' e 'destino' — crescemos acreditando que nosso relacionamento com alguém é tão especial que algo de um nível mais elevado e de consciência superior deve conspirar para nos manter juntos. É verdade que quando duas pessoas ficam juntas pode haver uma sequência poderosa de sincronicidades pelo caminho, e é em nossos relacionamentos que chegamos mais perto de entender que um espírito coletivo mais elevado nos une a todos. Pensamos que um relacionamento realmente bom irá nos transformar em pessoas melhores em todos os aspectos. Também gostamos de falar sobre almas gêmeas — como sendo duas metades do mesmo coração — e de pensar que há um relacionamento especial por aí esperando por nós, que vai nos tocar profundamente.

Então, se estamos solteiros e queremos um amor que mudará nossa vida, certamente essa pessoa especial nos será entregue pelo destino, e não por sites de relacionamento na internet... Mas os sinais que apontam para um futuro com alguém são em geral pequenos — eles não chegam com uma fanfarra e só são confirmados mais tarde. Tommy e sua esposa, por exemplo, estavam em um caminho de vida que não os levou diretamente para os braços um do outro. Se ele a tivesse conhecido na noite em que ela jogou o anel fora, provavelmente não teriam o mesmo relacionamento que tiveram vinte anos depois, quando eram mais velhos e mais sábios. A vida nem sempre funciona como a narrativa de um livro romântico, embora aconteçam, sim, reviravoltas que nos levarão à pessoa certa na hora apropriada.

A amiga de um amigo estava com quase trinta anos e muito deprimida por estar solteira. Durante um inverno, ela estava dirigindo quando seu carro derrapou no gelo e bateu em uma árvore. O motor veio para trás, prendendo suas pernas com a força do impacto e, embora ela não estivesse gravemente ferida, não conseguia se mover. O serviço de emergência chegou e vários bombeiros começaram a trabalhar com muito cuidado, cortando as ferragens para removê-la. Um deles ficou ao lado dela e segurou sua mão. Levou uma hora para soltá-la. Quando se está apavorado, tudo parece uma eternidade, então, você pode imaginar quanto tempo pareceu para ela. Havia esse homem segurando sua mão durante toda a experiência traumática, falando-lhe gentilmente. Ela sentiu que, quando ele pegou sua mão, algo especial passou por eles.

Quando se recuperou, semanas depois, ela ainda pensava nele e decidiu entrar em contato. Eles se viram algumas vezes e logo um relacionamento desabrochou. Ela acreditou estar apaixonada, e o que poderia ser mais perfeito? Ela não só esteve em um carro arrebentado, estava em uma vida arrebentada, e ele era o herói que veio e a resgatou. Certamente, era algo que estava escrito. Por que outro motivo ele estaria trabalhando naquela noite?

Alguns anos depois, eles mudaram para o outro lado de Glasgow e montaram uma casa juntos. O problema era que ela não conseguia passar muito tempo com seu herói, pois ele estava sempre trabalhando em turnos longos, resgatando pessoas. Eu acho que ela se apaixonou mais pelo herói do que pelo homem, mas é claro que um relacionamento longo requer mais do que a repetição de um único ato de salvamento de alguém, uma vez após a outra.

Ela acabou se inscrevendo em um curso noturno de psicologia em uma faculdade local para preencher o tempo em que eles não poderiam estar juntos. Como parte do curso, os estudantes tiveram de formar pares e treinar técnicas de aconselhamento e diálogos uns com os outros, e ela ficou com um homem chamado Adam. Talvez você esteja adiantado e possa adivinhar o que aconteceu — Adam era o homem com o qual ela tinha uma verdadeira conexão, uma ligação que era muito mais profunda do que a do resgate. Com o tempo, ela acabou se separando do bombeiro e se casado com Adam. Agora, eles têm dois filhos e continuam muito apaixonados. O acidente de carro a colocou na direção certa para encontrar o amor da sua vida, mas ela teve de aprender algumas lições sobre a verdadeira natureza do amor no caminho. Não houve nada tão dramático no modo como ela conheceu Adam, mas o que eles partilhavam era mais forte e mais profundo.

Algumas vezes, quando as pessoas pensam que estão loucamente apaixonadas, o 'amor' é maior do que tudo — maior do que a pessoa que elas estão tentando alcançar. Um problema constante é exagerar nas emoções e, em vez de ficar verdadeiramente abertas e com a visão clara, elas em geral terminam fazendo a coisa errada, resultando em desastre.

Isso, com frequência, resulta em amor não correspondido, e essa é uma das mais duras lições para aprendermos. Como podemos ter sentimentos tão fortes e não receber nada em troca?

Quando eu estava trabalhando em um Centro Espírita na Inglaterra, no fim dos anos 1990, uma senhora chamada Helen juntou-se ao grupo. Ela estava com quase cinquenta anos e tivera o pior tipo de vida, um monte homens que não foram bons e muitos filhos que teve de criar sozinha. Ela obviamente tinha uma enorme necessidade de apoio e afeição, e embora nunca recebesse mensagens particularmente fortes do outro lado, recebia muito amor das pessoas deste plano pela primeira vez — todos no centro procuravam por ela e perguntavam-lhe como estava. Ela amava abraçar todo mundo e falar:

— Agora, lembre-se disso, eu amo você. — E embora fosse óbvio que estivesse no caminho para aprender algo, rapidamente ficou claro que ela não tinha a menor ideia do que seria um amor verdadeiro.

O problema era que ela ficou vidrada em um homem do grupo que tinha seu próprio complexo — ele pensava que era Jesus, ou pelo menos que era tão importante quanto Ele. O moço era casado, com família, e nem um pouco interessado em ter Helen como amante — ele a via como seguidora e amiga. Era dessa forma que ela se comportava também. Era, ela insistia, puramente uma associação de almas. Eles foram "índios apaches" juntos centenas de anos atrás — ele fora o chefe e ela fora sua esposa. Ela dissera a ele que o amava e que era um irmão para ela, mas então eles brigavam porque a tensão era muito grande, o que era inevitável, e depois ela o abraçava e dizia que estava tudo bem. Sendo Jesus, naturalmente ele não iria ver o relacionamento do ponto de vista erótico, e embora ela negasse veementemente, era possível perceber que em todas as ocasiões em que ela sentira afeição por um homem em sua vida, havia um caráter erótico, e que era isso que ela queria agora. Era tão óbvio que mesmo as filhas dela diziam que ela estava bancando a boba.

Uma mulher do centro que tinha se tornada amiga dela tentou ter uma conversa:

— Veja, meu bem, você acabou de se apaixonar por esse homem e precisa vê-lo pelo que ele é. Mas ele não será seu companheiro e nem viverá o resto da vida com você. Ele é casado e tem dois filhos.

Helen ficou furiosa:

— Como ousa dizer que é sexo?

Então, saiu feito furacão e acrescentou outro pedaço à sua fantasia. Ela imaginou que sua amiga também tinha sido uma esposa — uma esposa que a tinha esfaqueado no coração para tomar o seu chefe Índio Apache!

Nesse ponto, ela estava comprando óleos e indo à casa de Jesus para ungir-lhe os pés como Maria Madalena, e a esposa dele estava muito aborrecida com aquilo tudo. O casamento dele estava ameaçado e ele finalmente falou para Helen que jamais aconteceria em relacionamento sexual entre eles.

É claro, ela ficou escandalizada mais uma vez:

— Isso nunca passou pela minha cabeça! Como você ousa falar isso para mim? — e então deve ter ficado claro para ela o que era óbvio para todo mundo, embora ela negasse com todas as forças. Então, ela se virou contra nós, e todos viraram 'demônios' e 'possuídos por espíritos maus'. Ela embarcou em sua própria vida de fantasia e nunca mais voltou ao centro.

Tentamos ajudá-la a pôr os pés no chão, mas ela não aceitou nada. Sei que ela ficou muito mal pouco tempo depois, e por um tempo ela se revoltou contra tudo que fosse religioso e espiritual. A última vez que a encontrei na rua, perguntei-lhe como estava; ela saiu pisando duro, dizendo:

— Eu não deveria falar com pessoas como você.

Recentemente, soube que ela se juntou a uma comunidade hindu porque imaginouu que um dos professores fora ligado a ela em uma vida anterior.

Ela foi tão longe para evitar o tempo e espaço presentes que se afastou de pessoas que poderiam tê-la ajudado. Teria sido doloroso encarar o fato de que esse homem não a desejava, mas em vez de admitir isso e seguir adiante, ela construiu mundos inteiros de negações elaboradas. O pobre Jesus apenas queria ser seu amigo, não ficar por aí com ela por toda a eternidade usando um cocar!

Você ficaria espantado com o número de 'almas gêmeas' como Helen e Jesus que conheci, que tiveram relacionamentos difíceis ou que brigaram e passaram a nem se falar. Então, o que é uma alma gêmea? Muitas pessoas querem pensar que têm uma ligação especial com alguém que já existia em suas vidas em espírito, que essa ligação já estava destinada a acontecer há centenas de anos e que ela sobreviverá à morte de ambos. Elas acreditam que suas almas estavam apenas esperando como espíritos para ter a chance de se ligar na Terra desta vez.

Mas por que você não consegue apenas amar alguém — como um grande amigo ou um amante? Esta vida não é grande o suficiente para você? Você acha que precisa ter certa pessoa para todo o sempre?

É um termo engraçado para ser imposto a duas pessoas, esse negócio de alma gêmea. E o fato é que *todos* nós somos almas gêmeas, *todos* nos ligamos em um nível mais elevado. Podemos ser parte das jornadas uns dos outros por certo tempo, mas isso é tudo.

Eu acho que amizade e amor verdadeiros envolvem não apenas aquela perspectiva clara, mas também uma concepção de liberdade e individualidade, mais do que ser um vínculo que une duas almas de forma tão absoluta a ponto de se confundirem. Em primeiro lugar, vocês ficam juntos pois trazem uma nova perspectiva um para o outro, não de uma forma a se tornar tão obcecado com o outro a ponto de excluir todo o resto. Você não possui metade de uma pessoa em um relacionamento, apenas conheceu alguém que vibra na mesma frequência que você. Por isso, não rotule a pessoa com quem você está e nem espere que ela se comporte de certo modo.

Entretanto, pode ser verdade que um eco de uma vida passada possa nos levar até alguém nesta vida. Ao encontrar esse alguém, você poderá sentir algo que parece de certa forma muito mais antigo e mais enraizado em você. O amor que você sente será um reconhecimento da vida anterior, mas isso não significa que cada uma de suas vidas seja um tango com aquele personagem específico, e que vocês estão entrelaçados para sempre.

Se eu tivesse de chamar alguém na minha vida de alma gêmea, seriam Sandra e Christine, que são minhas amigas desde a adolescência, em Glasgow. Mas nós não vivemos na cola uns dos outros. Elas vieram ficar conosco recentemente e nós tivemos dois dias de grande energia na minha casa. Foi incrível. Depois, elas voltaram para suas casas. Talvez eu tenha notícias de uma delas em uma semana ou duas, com um recado sobre alguma novidade familiar, como um novo neto, e então vou ligar para elas e nós vamos bater papo. Eu não fico por aí fazendo drama sobre a amizade, dizendo:

— Ela precisa de mim! Eu preciso estar lá! Ninguém mais fará o que eu faço por ela! — mas sabemos que vamos poder contar uns com os outros se precisarmos de ajuda.

Curta as suas almas gêmeas e seus grandes amores, mas não deixe que esses relacionamentos o fechem para o mundo, porque haverá outras pessoas lá fora que também podem ter essa ligação, e você deve deixá-las entrar em sua vida. Não pense que por ter um relacionamento com uma pessoa não deve se esforçar mais para incluir outras pessoas em sua jornada. Não nos é dado saber quem está prestes a aparecer a qualquer momento em nossa existência.

Entretanto, não descarto totalmente a ideia de uma ligação predestinada particularmente forte entre duas pessoas, pois já vi isso acontecer na vida real.

Acho que um dos exemplos mais interessantes que vi de um casal que tinha uma ligação de uma vida passada foi o de uma senhora chamada Stella e seu marido, Michael. Eu fazia muitos trabalhos de cura, quando conheci a história deles, e uma amiga minha chamada Carla Kinsella disse que eu devia conhecê-los, pois Stella era uma curandeira de cristal. Eles moravam no interior, no sul da Escócia, e um dia Carla me levou de carro até lá.

Eles eram um casal adorável, ambos na casa dos 40 anos, com quatro filhos. Quando perguntei se os filhos que me haviam apresentado eram gêmeos, eles riram e explicaram. Ambos tiveram dois filhos de casamentos anteriores e seus filhos mais velhos tinham a mesma idade, assim como os mais novos. Michael, que era astrólogo, perdera a esposa com uma doença; e o marido de Stella fora assassinado trabalhando como soldado.

Ambos ficaram interessados em vidas passadas muito antes de se conhecerem, porque cada um deles tivera sonhos recorrentes que pareciam apontar para uma história. Nesta vida, Stella era uma esposa de militar, se mudando pelas bases na Alemanha com seu marido e filhos, mas tinha sonhos sobre outros tempos, passados em uma das guerras russas. Nesses sonhos ela era sempre uma jovem mulher casada esperando seu marido voltar da frente de batalha. Michael também estava no exército, mas em um tempo ligeiramente diferente, então eles nunca se conheceram. Ele também sonhava com uma guerra na Rússia, mas ele era um soldado que fora morto, logo nunca voltara para casa, embora soubesse que tinha lá uma esposa esperando por ele.

Anos depois de ambos terem perdido seus companheiros, eles se encontraram em um festival de mente, corpo e espírito, e o reconhecimento foi recíproco. Stella descreveu isso como se sentindo instantaneamente confortável e em casa. Ao conversarem, as coincidências começaram a se acumular. Não apenas os dois faziam parte de famílias de militares e haviam vivido nas mesmas bases, mas também nasceram no mesmo ano e, quando crianças, ambos ficaram extremamente doentes com a mesma idade. Duvido que tenha sido uma surpresa para qualquer um deles quando falaram de suas experiências de vidas passadas — Michael claramente foi o jovem marido soldado que Stella estivera esperando.

Qualquer coisa que venha de uma vida passada para o tempo e espaço presente está lá para ser corrigida, para que você possa aprender com isso, e aceitar seguir em frente. Pense em cura e encerramento, não necessariamente um novo começo. Acho que isso é o que mais me impressionou em Michael e Stella — uma vez que eles reconheceram essa antiga ligação, eles mal tocam no assunto de novo. Tudo foi resolvido pelo encontro deles, e não houve necessidade de falarem sobre isso com frequência ou tentar ficar em transe e desenterrar tudo de novo para provar quão profundamente eles se importavam um com o outro. Tudo que importava era que eles estavam juntos — a vida passada compartilhada era apenas um profundo respaldo desse relacionamento.

Muitas vezes, nos casos em que uma vida passada se faz perceber, há um grande medo a ser superado. Pode ser que naquela vida você tenha morrido antes de reconhecer alguma coisa e agora é preciso que você termine esse assunto para que possa evoluir. Pode ser que seu espírito estivesse se preparando para voltar para uma vida em um nível superior e então caiu de volta neste plano para reparar uma ferida emocional.

Nesta vida, você será arrastado a uma certa situação, talvez um tipo de relacionamento, que não lhe permitirá resolver a questão que deveria resolver e evoluir. Pode ser que anteriormente você tenha deixado sua família, e desta vez decida ficar ou, como Stella e Michael, tenha passado pela agonia da separação e pedido para se reencontrar. O que quer que seja, você tem que vivenciar aquela experiência e queimar o carma ruim, pois isso tornou o seu espírito pesado. Enfrentando e aprendendo, você adquire entendimento e a sua alma fica mais leve. Vivenciar experiências, sendo ajudado de alguma forma, o ajudará a entender melhor essa situação do que simplesmente evitá-la e passar a vida com medo dela.

7

Estou sem sorte no amor?

Se existe a possibilidade de sermos destinados a estar com as pessoas certas, também será verdade que podemos estar fadados a encontrar com as pessoas erradas? Pode parecer que é assim. Algumas pessoas estão em um relacionamento que parece se repetir: repetidas vezes elas anunciam que encontraram alguém, mas seus amigos e a família percebem imediatamente que esse alguém tem algumas coisas em comum com o (a) ex. O relacionamento obedece como se fosse a um padrão preestabelecido. Então, esse relacionamento termina e a pessoa está sozinha outra vez, perguntando-se sobre o que teria dado errado. Algumas pessoas me contaram que estavam 'destinadas' a repetir o erro, o que pode parecer sem sentido, mas ao mesmo tempo está certo e errado.

Alguns amigos mandaram um homem mais velho, chamado Dave, para uma sessão comigo, pois ele tinha se tornado suicida e eles estavam apavorados com a ideia de que, tendo falhado uma vez, ele tentasse tirar a própria vida de novo. Ele havia perdido a cabeça por um rapaz heterossexual. Mas havia convencido a si mesmo de que poderia transformar sua paixão em uma amizade platônica e, assim, ajudar um rapaz em seu começo de vida, que apresentava algumas dificuldades. Ele deixou que o jovem mudasse para sua casa, deu-lhe um pouco de dinheiro e eles saíram de férias uma ou duas vezes juntos.

É claro, todos os amigos de Dave podiam ver que toda essa situação era ridícula. Eles já tinham visto o amigo se apaixonar por pessoas inalcançáveis anteriormente, embora agora ele estivesse levando a relação a um nível completamente novo. Mas ele lhes assegurou de que estava tudo bem — ele e o moço iriam apenas viver juntos, ser amigos, e isso seria tudo. Ele camuflou todos seus sentimentos verdadeiros e a situação difícil que estava criando para si mesmo.

Depois de cerca de dez meses, ele viajou a negócios e deixou o rapaz tomando conta da casa. Ele voltou uma semana depois e a encontrou depenada: o outro o roubara sistematicamente, inclusive por despeito, levando fotos de família insubstituíveis e cacarecos que tinham apenas valor sentimental. Ele obviamente detestava a tensão crescente na casa e estava apenas na expectativa, esperando para humilhar seu 'amigo'.

Não deveria ter sido necessário que a situação chegasse naquele ponto para Dave acordar e tomar consciência do ciclo que ele mesmo estava criando e as razões pelas quais se sentiu 'levado' a fazer isso. Talvez ele não achasse que fosse digno de um relacionamento correto e, por isso, apaixonava-se sistematicamente por pessoas que nunca poderia ter — se tivesse achado alguém que o amasse verdadeiramente, teria de se considerar merecedor desse amor. Da forma como tudo aconteceu, ele acabou deixando que o 'amor' o arrastasse para uma crise nervosa.

Um relacionamento não tem chance de sucesso a não ser que você entre nele de olhos abertos ou que amadureça o suficiente para entender o que o levou a ele, para início de conversa. Imagino uma mulher bonita que conheço, que está na casa dos cinquenta e que era constantemente atraída pelo tipo de homem errado. Depois de ótimos começos, todos os seus relacionamentos pareciam azedar e ela acaba sozinha mais uma vez, perguntando-se o acontecera.

Certa vez ela estava conversando comigo, enquanto bebíamos, sobre seu terrível 'gosto por homens' quando, de repente, ela mudou seu tom e disse:

— Você sabe, Gordon, o amor da minha vida morreu quando eu estava com uns vinte anos.

Eu não sabia dessa parte da história, então perguntei-lhe sobre ele.

Eles se conheceram e se apaixonaram perdidamente, embora nem todos em volta compartilhassem sua felicidade. Ele era negro e ela era branca, e os amigos e a família dos dois se opunham à combinação por puro racismo. Um dos amigos dela até disse:

—Vai tudo acabar em lágrimas.

Mas eles desafiaram todo mundo e se casaram rápido, determinados a ficar juntos apesar da raiva que seu relacionamento despertava na outras pessoas.

Eles ainda estavam nos primeiros meses de casamento e ainda se sentiam como se estivessem em lua de mel quando ele morreu em um acidente de carro. Ela ficou arrasada, mas para seu pavor, sua família agiu como se a morte dele tivesse sido a melhor coisa que pudesse ter-lhe acontecido em toda sua vida. A família dele não gostava dela também, e comportou-se quase como se a culpasse pelo acidente. Todos nós nos sentimos sozinhos no luto, mas seu isolamento era dobrado.

—Talvez ele fosse a única pessoa para mim — ela sugeriu. — Eu tive minha chance, eu o encontrei, eu o perdi, e é isso. Você não vê ninguém no meu futuro, vê?

Eu tive de dizer-lhe que, claro, eu via *ela* era a pessoa que ela precisava encontrar. Ela era uma moça apaixonada e sob pressão. Amor é um estado de consciência alterado, e o começo de qualquer grande relacionamento é suficiente para colocar você em um planeta completamente diferente. Mas, em algum momento, aquela bolha vai estourar, e com sorte você estará com os pés no chão e com os olhos abertos o suficiente para viver o que é real sobre amar uma pessoa de verdade em vez de apenas se apaixonar por um ser extraordinário. Ela não tivera a chance de ultrapassar a 'bolha' de estar amando profundamente em seu casamento e, de certo modo, ficou presa àquela época, àquela fímbria de sua história, em uma potente combinação de luto do mais irreal e elevado amor. Quando ela foi tragicamente privada da companhia do homem que amava, viu-se cercada de pessoas cujas reações eram tão cruéis que ela teve de lidar sozinha com seu luto. Não era de estranhar que as relações que ela teve posteriormente terminaram em amargura — aqueles homens não eram necessariamente 'maus', eles apenas amaram alguém que não podia amá-los, pois ela ainda estava envolvida com seu falecido marido. Eles a traíam ou ficavam agressivos e frustrados, pois sentiam — mesmo que ela não conseguisse perceber isso — que não podiam tirá-la de seu luto e fazê-la amá-lo. Esse era o papel dela, não deles. Ela precisava voltar a se conectar com a mulher que *poderia* ter espaço para mais alguém no seu coração.

    Depois que tivemos aquela conversa, ela ainda passou uns bons seis meses sozinha, para se curar, e agora recomeçou a sair. Ela está se permitindo superar essa etapa de forma lenta e gradativamente, e pela primeira vez desde que seu casamento acabou, isso está funcionando para ela.

Muitas pessoas entram em relacionamentos ruins porque se recusam a acordar e serem honestas consigo mesmas — uma coisa é mentir para um companheiro (a), mas esse engano começa com você mentindo para si mesmo. Minha amiga imaginou que apenas precisasse do homem certo para consertá-la e culpava cada um dos homens com os quais se relacionava quando as coisas davam errado. Dave criou toda uma rede de complicações e emoções ruins porque imaginou que pudesse mudar uma situação em proveito próprio.

Ambos deixaram um padrão de comportamento atrapalhar suas vidas amorosas.

Muitas pessoas sabem que estão com a pessoa errada, mas vão usar a palavra 'amor' como razão para permanecer indefinidamente naquela situação, quando elas nem mesmo consideraram o significado disso tudo. Um casal que eu conheci, no entanto, foi capaz de olhar para o estrago sem medo, ver sua fraqueza e sair fortalecido da situação em que se encontrava.

Quando eu trabalhava como cabeleireiro, tive uma colega chamada Anne que parecia ter uma vida amorosa muito dramática. Ela era apenas uma adolescente quando começou um relacionamento sério com um homem que amava muito, mas que tinha dois maus hábitos: beber e jogar. Ele não apenas era grosso com ela, mas também gastava todo o dinheiro dela. E seu novo salão de beleza, que ela tinha economizado para abrir, teve de ser vendido para pagar as dívidas daquele homem.

Ela desmanchou o relacionamento com ele e alguns anos depois conheceu um jovem adorável, chamado John, de quem todos nós gostávamos. Eles se casaram e tiveram dois filhos, e suas vidas profissionais pareciam florescer também. Logo eles tinham salões próprios e compraram uma casa grande, com um financiamento estratosférico.

Tudo parecia bem por muitos anos, mas então o humor de John começou a se deteriorar e ficou óbvio que ele estava se tornando um alcoólatra. Ele bebia e voltava para casa procurando briga, pronto para enfiar um soco em Anne, embora em geral ele caísse na rua no meio do dia, na frente de toda a vizinhança. Ela imaginou que pudesse lidar com isso e que eles ficariam bem no final se ela apenas o deixasse passar por essa fase, mas então ele aparecia na frente dos amigos dela, completamente bêbado e sujo. Ela era uma mulher orgulhosa, mas ele destruiu seu espírito.

Então, um dia ela foi trabalhar e descobriu que o banco tinha fechado os salões — acontece que John tinha o hábito de jogar escondido, e todo o dinheiro se foi. Ela tinha apenas 30 anos naquela época, com dois filhos, um deles em escola particular, e achou que sua vida estava acabada. Por que Deus mandara esse tipo de homem para ela de novo?

Foi pouco depois disso que tivemos uma conversa ela me contou:

— Eu acabei de acordar. Frequentei a igreja por anos e rezei, e nada nunca aconteceu, mas no último domingo eu ouvi cada palavra do sermão pela primeira vez. E eu sei que *eu* sou o problema nesses relacionamentos. Por que eu preciso desses homens? Por que eu os estou atraindo?

Ela era astuta o suficiente para perceber que era levada para os homens maus como John porque queria endireitá-los de uma maneira maternal.

Dar-se conta disso deixou-a em uma situação em que ela teria de escolher: ou terminava o casamento com John, agradecia suas estrelas da sorte por finalmente ter entendido onde estava e seus processos internos que a haviam levado até ali, e jurava escolher mais sabiamente da próxima vez;

ou se afastava, olhava para o caos, via seu papel nele, depois mergulhava de volta e tentava mudar a situação. Se o deixasse, ela não sabia se escolheria o homem certo uma próxima vez — afinal de contas, John lhe parecera um homem bom e ela algumas vezes se lembrava dessas qualidades, apesar da bebida. Era o que estava por baixo da bebedeira e da jogatina que ela se propôs a consertar, e isso significava a necessidade de atenção dele. Ele era apenas uma criança grande, e quando era 'levado' e bebia, Anne tinha de dar-lhe atenção.

Então, ela ficou com ele e trabalhou duro para ajudá-lo a entrar e permanecer no Alcoólicos Anônimos, e para reconstruir o negócio deles. No final, ambos acabaram sendo conselheiros de pessoas com problemas de abuso de álcool e endividadas, usando suas experiências pessoais para ajudar outras pessoas a saírem das mesmas armadilhas. Poderia ter sido de outro modo — Anne realmente teve uma vida muito difícil e John poderia não ter tido a coragem para encarar seus demônios e melhorar. As coisas poderiam ter piorado muito, mas porque os dois perceberam o que tinham de fazer, eles fizeram.

8

Um espírito pode me ajudar a encontrar o amor?

Há uns dois anos, fui convidado para participar de um grande evento espiritual em um centro de convenções em Las Vegas. Por muitos dias, haveria seminários, palestras e festas, e milhares de pessoas iriam participar. Eu fui escalado para uma sessão chamada 'Eu Posso Fazer Isso' e me vi de pé em um tablado, em frente a uma plateia de centenas de pessoas, trazendo mensagens do mundo espiritual e respondendo a perguntas. Um ajudante com um microfone estava andando pela plateia, para que quando alguém quisesse fazer uma pergunta, pudesse ser ouvidos por todos.

Mensagens me alcançaram bem rápido e em grande quantidade quando uma senhora bem arrumada, que devia ter quase trinta anos, levantou-se. O ajudante correu para ela com o microfone.

— Eu quero saber — ela falou diretamente —, por que minha vida é tão ruim, por que eu não tenho sorte. Minhas irmãs me odeiam e minha mãe nem fala comigo. Meu marido me largou cinco anos atrás e, desde então, eu não tive nenhum namorado sério. Todos os meus relacionamentos parecem desandar depois de um mês.

Eu conseguia ouvir a plateia se contorcendo nas cadeiras enquanto a lavação de roupa suja continuava.

Eu comprei um monte desses livros de autoajuda, fiz todas meditações e práticas e fiz minhas orações. Eu pedi um homem, fiz um pedido cósmico e nada aconteceu. Nada! Eu ainda estou sozinha, ninguém veio até mim, minha família não entrou em contato... Coisas ruins acontecem comigo. Eu acho que o universo me abandonou. Minha vida é uma catástrofe.

A essa altura algumas pessoas já estavam gritando:

— Cala a boca! Senta!

Corríamos o risco de todo o seminário ir por água abaixo. Era óbvio que essa mulher precisava de uma dose de 'amor exigente', precisava ser corrigida de forma severa, mas com amor.

— Tudo bem, pessoal — eu gritei. — Ela fez uma pergunta, então vamos respondê-la, porque provavelmente isso afeta muitas pessoas quando olhamos toda a questão em uma escala maior.

Eu vi que a senhora estava um pouco cheia de si agora que havia conseguido um pouco de atenção.

— O que a trouxe aqui hoje? — eu perguntei. — E por que você está sentada aqui comigo?

— Eu realmente não sei — ela respondeu. — Eu apenas me arrastei para cá e achei que você ia me dizer algo positivo. Achei que você pudesse ter um recado do outro lado para mim.

— Tudo bem, vamos tentar ajudá-la, porque você tem uma atitude péssima — eu disse de modo rude, e todo mundo ficou boquiaberto, já que nos Estados Unidos você não deve dizer essas coisas para as pessoas quando se está sendo bonzinho e espiritual. — Quantas vezes você disse essas coisas sobre o quanto sua vida é horrível e o quanto as pessoas odeiam você? Alguma vez alguém falou que você tem um comportamento horrível?

Ela parecia que ia começar outra lavação de roupa suja e dessa vez ia ser alguma coisa dirigida a mim.

— Espere aí — disse rapidamente —, você queria atenção e agora você tem. A sala toda está ouvindo. Vamos falar dos seus problemas.

— Eu fiz todas as coisas que mandam — a mulher repetiu. — Pedi um homem, escrevi como ele deveria ser, fiz pensamento positivo e ele não está aqui.

—Você continua falando desse homem. Que homem?

— Eu quero um homem que me ame pelo que eu sou. Que me escute.

Aparentemente, ela requisitou algum rapaz perfeito que foi guardado em Plutão ou em algum lugar perto de lá, com bronzeado marcante, sorriso bonito e vontade de escutar. Provavelmente, ele também fazia massagem nos pés! O problema era que os correios e telégrafos não entregam homens perfeitos, não importa quanto pensamento positivo você fez, e com certeza não se pode escolhê-los em um catálogo.

Então, tentou esbravejar contra todos os autores cujos livros ela comprou que lhe prometeram esse homem ideal e que queria o dinheiro de volta. Eu disse:

— Não os culpe. Foi você que achou que a coisa toda ia funcionar se fizesse isto ou aquilo, e se você continuar assim, vai achar outro guru e colocar nas mãos dele a responsabilidade sobre sua vida. Infelizmente, você entrou nesta sala e eu não vou pedir nada cosmicamente para você. Em vez disso, vou pedir que você mude a si mesma. E você sente falta de alguém na sua vida? Há um homem que saiu de sua vida. Seu pai morreu?

— Sim, meu pai morreu.

—Você era jovem quando isso aconteceu? — eu não estava agindo como médium nesse momento, era tudo muito óbvio.

— Sim.

— E o papai sempre deu muita atenção a você, mas mamãe nunca ligou para você depois que ele morreu?

Ela parecia indignada.

— Eu não quero parecer rude — eu lhe assegurei —, mas você chorou quando sofreu essa perda?

— Não, porque tudo girava em torno de minha mãe. Eu não podia chorar porque ela deveria ser a pessoa em foco em toda aquela situação.

— Esta é você... Desde a infância você tem essa ferida e você a tem cultivado e a fez piorar. Você culpa sua mãe por isso e ela provavelmente estava de luto pelo marido ao mesmo tempo em que você estava com saudade do seu pai. Você tentou falar sobre isso com sua mãe?

— Como poderia? Faz dez anos que ela não fala comigo.

— Você tentou falar com ela?

— Não! Ela é que não fala *comigo*.

— Você tem certeza de que ela realmente a odeia ou está apenas supondo isso? Que tipo de marca você deixou na vida de sua família nesses últimos dez anos? Você esteve com eles para oferecer apoio e amor? Você pelo menos ligou para suas irmãs?

É óbvio que não.

— Bem, você não é uma mulher de má aparência — eu continuei.

— Fico feliz que você pense assim.

— Não, você não é feia, mas sua postura é horrível e corta o entusiasmo de qualquer um. É assim que você cumprimenta as pessoas, reclamando sobre a sua vida e contando para elas sobre sua crise e que tudo está péssimo? Quem neste universo você está querendo atrair?

— Eu só quero alguém que me escute...

— Mas e se não é divertido ouvi-la? Se você amasse a vida e amasse as pessoas a sua volta, não acha que mereceria mais esse homem ideal? Seria mais provável que ele a notasse, para começo de conversa, do que se estivesse em casa sentada esperando pela sua entrega especial.

— Eu acho que não saio muito.

— E se saísse, teria de ser com uma postura diferente. Você não acha possível que seu vizinho pode estar se perguntando onde você esteve durante toda a vida dele? Por que você não tenta amar um pouco mais as outras pessoas e ver o que isso lhe traz? Prometa-me que vai ligar para sua mãe depois deste encontro.

Ela estava calada agora, acenou com a cabeça que sim e sentou-se, e eu continuei com as perguntas e respostas.

Como teria sido se ela tivesse levado essa velha postura para um relacionamento? Toda aquela angústia, todo aquele ódio estavam apenas se acumulando, e ainda assim ela esperava que alguém a amasse a despeito de tudo isso. Eu acredito que, com aquele mau comportamento, ela conseguiu alguma coisa no passado e imaginou que conseguiria algo também no futuro. No passado, ela deve ter recebido alguma atenção, é claro, por causa da perda do pai, mas se apegou a isso e tentou fazer disso o cerne de sua vida. Esse refrão 'pobre de mim' transformou-se em uma tristeza que estava se autossustentando e consumindo todas as partes da vida dela, e não permitia que sua alma evoluísse. E ela permitiu que isso acontecesse dessa forma. Ela usou sua perda para conseguir atenção. Ela não precisava de uma mensagem do plano espiritual, ela precisava mudar a si mesma em um nível bastante profundo, fazendo coisas, não sendo elevada por mágica para um plano superior. O segredo estava dentro dela, não no universo.

Enquanto isso, provavelmente teria precisado de mais uma amiga, mas tendo se fechado e esperado que 'o universo' resolvesse seus problemas, ela estava apenas fechando o próprio universo e, consequentemente, todas as chances de conhecer o homem ideal! Você tem que dar uma chance ao destino. Não é verdade que, uma vez que você esteja aberto, as coisas virão de modo automático, mas você não vai murchar, vai florescer.

Eu não vi a mulher de novo até o fim do encontro em Las Vegas, quando ela apareceu e me deu um grande abraço.

— Eu falei com a minha mãe — ela me contou.

Parecia muito mais feliz e eu disse isso a ela. Ela começou a me agradecer e eu disse:

— Veja, tudo que fiz foi responder a sua pergunta de um modo que qualquer amigo teria feito. Eu só disse o que você precisava ouvir.

Acontece que depois do seminário várias pessoas vieram até ela para contar suas experiências de terem se afastado dos entes queridos e como fizeram para ter uma vida melhor. De repente, ela estava atraindo as pessoas que eram boas — e tudo porque parou de anunciar quão horrível sua vida era. Para mim, toda essa situação foi muito mais útil do que ir até o pai dela e fazê-lo dizer que a amava.

Eu acho que antes que possamos começar a ter os relacionamentos com os quais sonhamos, temos de nos conhecer profundamente e entender nossas fraquezas e o que estamos procurando, como Anne e seu marido fizeram depois de perderem tudo. Isso pode acontecer antes de sairmos de casa e realmente conhecermos alguém, como a mulher em Las Vegas. Ou pode acontecer anos depois do casamento, após o grande furor de emoções do começo do relacionamento. E é claro que podemos pedir ajuda a um espírito para fazer isso.

Mas nós temos de estar com a visão clara, não nas nuvens, se quisermos fazer do relacionamento um sucesso e realmente crescer espiritualmente.

Entretanto, eu realmente acho que se você está destinado a conhecer certa pessoa, essa chance lhe será dada, seja sob a influência de algum espírito ou por suas próprias ações. Em momentos importantes de nossa vida, as oportunidades chegarão aos nossos caminhos.

9

Lições no amor

A verdade é que amor não está relacionado com as pessoas, o amor é uma força constante, algo pelo qual nós passamos quando vamos crescendo espiritualmente — caso contrário, ficamos presos, como a mulher em Las Vegas; ou Helen e seu amor não correspondido; ou Dave, que tentou fingir que não estava apaixonado por um homem mais novo. Nem todo relacionamento vai funcionar, mas se aceitarmos as lições aprendidas sem amargura e continuarmos seguindo em frente, ele pode nos levar um degrau mais próximo de um amor melhor.

Quando vejo pessoas no começo de um relacionamento, observo que elas geralmente estão completamente tomadas pela paixão e pensam que será igual dali a cinquenta anos. Porém, aquela força total do romance não pode estar ligada 24 horas por dia, sete dias por semana — imagine como isso seria cansativo, e como restaria pouca energia para o resto de sua vida e das pessoas que fazem parte dela. Mas não fique com medo de perder algo quando a chama se esvair e o violino parar de tocar. Quando os rituais acabam — arrumar-se, ter boas maneiras e ter cuidado com a impressão que você vai causar —, então você tem que se esforçar, mas a oportunidade para o amor — não o romance — fica maior do que nunca. Minha mãe perdeu meu pai depois de 63 anos de casamento. Eles eram como água e óleo, mas sobreviveram a tudo o que a vida lhes apresentou. Há não muito tempo atrás, ela me disse:

— Eu até sinto falta das brigas; elas nos mantiveram juntos.

Quando começamos a aprontar por aí, tornamo-nos egoístas e dizemos que 'queremos isso ou aquilo do amor', nos afastamos da essência verdadeira do sentimento. Quando começamos a colocar condições para o amor, restringimos a quantidade de amor que podemos ter em nossas vidas. Nós nos preocupamos, achando que se alguém não age de determinada forma, se não faz determinadas coisas, então esse alguém não nos ama. Ou, ainda, acabamos crendo que amamos mais a outra pessoa do que ela nos ama. Quando agimos assim, tudo que estamos fazendo é colocar uma medida para o amor, uma limitação nele, quando podia ser algo maior, muito grande.

Se crermos que o amor é um direito dado por Deus, podemos nos machucar. Se tivermos sorte o suficiente para sermos tocados pelo amor nesta vida, isso deveria nos inspirar a sermos amáveis, a mostrar o que há de melhor dentro de nós, e não a fazer aos outros e a nós mesmos infelizes.

O melhor e mais verdadeiro amor, seja em um namoro, em um casamento ou em uma amizade, dá apoio e é generoso. E se somos tocados pelo amor por uma pessoa em particular, de repente temos a capacidade de enxergar alguém especial por dentro, alguém que, antes, era um estranho. A explosão de energia e compreensão que o amor gera acontece para nos mostrar que poderíamos sentir isso com muitas outras pessoas — os amigos que já temos e viremos a ter.

O amor se divide com mais facilidade do que nós — o amor não tem que estar focado em uma pessoa o tempo todo. Você pode se transformar em uma pessoa que ama genuinamente e que se importa com muitas pessoas. Esta é a mais preciosa lição que o amor pode nos dar, se escolhermos aprender: conhecer melhor todas as pessoas que passarem por nossa vida.

Minha maior inspiração, sem dúvida, são aquelas pessoas que conseguem passar pelos momentos mais terríveis, mas que ainda assim crescem espiritualmente. A história que contarei a seguir é um dos mais excepcionais exemplos que já conheci.

Dronma e eu estávamos entre os médiuns que trabalhavam num seminário de final de semana num centro em Harrogate, e aproximadamente trinta alemães participavam do evento. Como não há centros espíritas na Alemanha, é comum que as pessoas viajem para o Reino Unido para frequentar palestras e reuniões com médiuns. Por isso, uma senhora chamada Doris Foster, naquela ocasião, havia programado a viagem de alguns alemães para Harrogate. Ela nasceu em Berlim, mas se casou com um cidadão britânico e viveu a maior parte de sua vida no Reino Unido — ela disse que sempre se sentiu inglesa porque sua mãe tinha lhe dado um nome inglês.

O salão principal do centro tinha antessalas dos dois lados, onde fazíamos reuniões particulares, e uma das pessoas que foi me ver lá era uma senhora amável chamada Sigi. Eu sempre me lembrarei de como eu fiquei tocado por sua franqueza e carinho logo de início. Pessoas assim irradiam algo de incrível.

Ela sentou e eu dei minhas instruções de sempre, perguntando se ela já havia feito uma reunião antes e dizendo para não me dar muitos detalhes, mas deixar isso vir do espírito. Ela se inclinou, pegou minha mão e disse gentilmente, com um sorriso:

— Eu estou morrendo. Eu só quero saber quem vai estar me esperando do outro lado quando minha hora chegar. Eu não estou com medo, então, não se preocupe comigo.

Por toda a reunião ela manteve uma calma adorável e inspiradora e prestou muita atenção em tudo o que era dito, embora eu me perguntasse que conforto um espírito poderia trazer para alguém que já estava tão contente diante de uma adversidade. Ela ficou satisfeita com as mensagens que recebeu e eu fiquei emocionado com a dignidade e a graça que ela demonstrou em todos os momentos.

Nós conversamos um pouco depois e, sem ao menos pensar no que fazia, peguei um anelzinho celta de prata que estava usando e dei a ela. Eu apenas disse:

— Quero dar-lhe um presente.

Ela tentou se opor e disse:

— Oh, você não precisa fazer isso.

Mas eu me senti levado a fazê-lo e disse-lhe que deveria haver uma razão para isso, então ela o aceitou.

Ela foi embora e eu fui logo procurar Dronma e contar-lhe a história. Eu a encontrei no meio do centro em grande animação.

— Acabei de ter uma reunião com um homem que tem câncer — ela disse —, e dei meu anel a ele. Eu não sei por quê. Eu apenas tirei e dei a ele.

Nós sabíamos que as duas pessoas deveriam estar ligadas de alguma maneira e resolutamente nós viramos e os vimos parados, segurando os anéis, rindo um para o outro. Eles nos contaram suas histórias — eram casados e ambos estavam morrendo de câncer, mas andavam conversando sobre renovar seus votos e ter uma bênção especial. Dronma e eu, sem ter consciência do que fazíamos, havíamos respondido os questionamentos deles quando lhes demos os anéis. Que sinal.

Doris era uma ministra espírita e eles lhe pediram para ajudar a organizar a cerimônia para que pudessem fazer votos para além da morte. Eles se casaram de novo no centro, naquele final de semana, e não havia um olho seco no recinto — não de tristeza, mas de pura emoção. Os votos eram lindos:

— Eu vou amar você todos os dias e apreciar os valiosos momentos da vida que ainda temos e estar com você depois da morte.

Qualquer um deles que partisse antes esperaria pelo outro e o ajudaria gentilmente a passar para o outro lado. Mas eles juraram não apenas morrer, mas viver.

Um ano depois, a filha deles veio a um seminário que eu fiz em Dusseldorf e me deu os anéis de volta. Seus pais tinham morrido ao longo daquele ano, mas os últimos meses que tiveram foram como uma lua de mel. Eles foram a um cruzeiro, tiraram férias aqui e ali, fizeram tudo que quiseram...

Ela disse:

— Foi maravilhoso vê-los se apaixonarem um pelo outro de novo. Eles nunca viveram dessa forma até este último ano. Os dois tiveram de receber esses terríveis diagnósticos para acordar e dizer:

— Já basta, vamos aproveitar o tempo que nos resta.

Eu me lembro de Sigi me dizendo que era uma pena eles terem de aprender essa lição tão simples por meio de uma doença tão devastadora, quando poderiam ter vivido trinta anos desse amor, não apenas alguns meses, mas ela disse que estava feliz por terem acordado, pois o amor que tinham agora era muito intenso e especial.

— Talvez isso fosse tudo o que estivesse reservado nesta vida para nós dois — ela disse. — Esse tipo de intensidade e amor...

E talvez ela estivesse certa. Ela foi alguém de quem eu realmente senti falta e com quem aprendi muito também — imagine que tipo de caráter é necessário para criar um sentimento tão grande, positivo e sincero quando você tem uma sentença de morte como essa pendurada no pescoço.

Porque encontrar o amor quando se está morrendo e fazê-lo mais intenso com a morte é extraordinário, mas talvez nós possamos ter isso todos os dias de nossas vidas se permitirmos que aconteça.

10

Vou ganhar na loteria?

Quando descobriram que eu estava aprendendo como ser um médium, parecia que cada rapaz que entrava na barbearia queria transformar minhas habilidades em algo mais lucrativo. Eles queriam saber que cavalo iria ganhar o quarto páreo naquela tarde ou que números sairiam no próximo sorteio da loteria. Estavam brincando, na maioria das vezes, mas eu não os ajudaria de jeito nenhum.

Eu conhecia um casal de Liverpool que ganhou na loteria no fim dos anos 1970. Naquela época, um bom salário era 25 £ por semana, e eles conseguiram 4 mil £ com uns números de sorte — saíram com todo mundo e fizeram uma chuva de notas de dinheiro como se fosse confete. Eram os jogadores mais conhecidos no bar local — pagavam as bebidas todas as noites. Tinham as crianças mais bem-vestidas da cidade e um monte de enfeites bobos nas prateleiras. Poderiam ter comprado um apartamento com aquele dinheiro, mas ele se acabou em três meses — puf! —, e tudo o que sobrou para mostrar foi uma carta do banco dizendo que não havia sobrado nada.

Talvez você já tenha imaginado que, depois que a boa sorte se foi, todos os colegas do bar que antes davam tapinhas nas costas começaram a ficar esquisitos e ironicamente não havia ninguém para pagar uma bebida para eles como agradecimento por todas as vezes que haviam aberto a mão nesses emocionantes três meses em que o dinheiro da loteria tinha durado. Esses falsos amigos apenas foram embora.

Eu não acredito que houvesse uma razão cósmica para que eles tivessem ganhado o dinheiro; foi pura sorte. Mas o importante foi a matemática posterior à gastança, porque então eles realmente aprenderam o significado da palavra 'valor'.

Sorte é uma força que realmente afeta nossas vidas, mas não é algo que podemos controlar. Ela vai e volta, quer penduremos uma ferradura acima da porta da frente ou não, e é muito subjetiva. Aquele casal de Liverpool teve sorte de ter aquele monte de dinheiro por três meses? No final, a vida deles não mudou. De maneira similar, é mesmo má sorte seu carro ter sido roubado quando não estava segurado? Você ainda tem seus filhos e seus amigos.

É uma questão de perspectiva: se um homem perde dez milhões de dólares e acaba com dois milhões a mais do que outro homem receberá em toda uma vida, ele está sem sorte? Muitas coisas que as pessoas julgam ser 'má sorte' não são realmente tão terríveis. E se você tiver a delicadeza de perceber o que é importante em sua vida, poderá aceitar que haverá altos e baixos, faça o que fizer. Se você quer ganhar na loteria, talvez devesse se perguntar por quê.

E toda essa história de criar sua própria sorte? Eu conheci um rapaz que era um apostador inveterado em seu tempo livre, e sempre achou que quando estava em uma boa fase no trabalho, isso era nada mais que um 'sinal de sorte', e aproveitava para dar uma passada no jóquei ou no cassino. Ele apostava mais e, com frequência, ganhava mais nessas ocasiões; e se perdesse, justificava-se dizendo que não havia perdido 'muito'. Eu acho que é provável que ele se sentisse mais confiante nesses períodos e estivesse com o humor muito bom, então, a perda de algum dinheiro não o incomodava muito.

Mas era também uma questão de carma, com o qual ele estava sintonizado de uma maneira engraçada. De forma simples, ele agia de um jeito que trazia boa sorte — em primeiro lugar, ele nunca poderia ter ganhado se não tivesse apostado e dado a si próprio a chance de segurar o bilhete vencedor. A 'probabilidade cármica' por trás disso é bem direta!

E os espíritos? Se beijarmos os dados antes de jogá-los e pensarmos em nossa avó, ela vai intervir e fazer aparecer duas sequências de seis para nós? Aqueles que são espíritos podem influenciar o fluxo de dinheiro para dentro e para fora de nossas vidas, mas não são gênios generosos que realizam os nossos sonhos mais selvagens de montes de pilhagens sem sentido. Às vezes, os espíritos nos impedem de conseguir dinheiro.

Quando eu estava com quase trinta anos, minha tia Sylvia, que era uma segunda mãe para mim, estava morrendo. Seu filho Stephen tinha morrido de câncer quando era ainda menino e ela meio que me adotou depois disso. Eu não a via muito quando estava com uns vinte anos, porque estava muito envolvido com meu casamento, filhos, e depois a separação, mas quando ela ficou muito doente, peguei dinheiro emprestado com o Jim para ir de avião até Londres e visitá-la. Nós estávamos bem sem dinheiro naquela época, imaginando como iríamos pagar nossas contas.

Sylvia, que era uma mulher muito prática e com os pés no chão, estava ocupada ajeitando sua vida antes de morrer e, quando sentei em sua cama, ela me contou que decidira que eu fosse o único herdeiro dela e de seu marido, Michael. Ora, eles estavam muito bem e seria uma questão de alguns milhares de libras, dinheiro que teria mudado minha vida de maneira impensável.

Sentado lá, sabendo que precisara do último pagamento de Jim para essa viagem, meu instinto foi dizer:

— Não, eu não quero o dinheiro. — Mas mesmo ao dizer isso, meu cérebro estava pensando: "O que diabos está saindo da minha boca? Fique quieto!".

—Você não pode dizer isso — Sylvia falou. —Você precisa desse dinheiro. Pense no que você pode fazer pelos seus filhos.

Ainda assim disse não, mesmo não sabendo por quê.

Eu fiquei com Sylvia muitos dias e ela continuou tentando tocar no assunto, mas eu fiquei firme, naquela época eu não tinha muito dinheiro, mas estava descuidado com o que tinha. Eu acabara de começar meu desenvolvimento como médium e tinha uma visão em perspectiva do meu próprio caráter pela primeira vez, e achei que se herdasse aquele dinheiro em algum momento do futuro, quando Michael morresse, eu provavelmente iria para a cidade festejar ou perderia tudo.

Quando Sylvia morreu, eu voltei para Glasgow e encontrei Jim chateado. A mãe dele estava doente, mesmo estando com sessenta e poucos, e quando eu contei a ele meu arrependimento de não ter passado mais tempo com Sylvia, ele admitiu que a única coisa que queria agora era tirar férias com sua mãe pela última vez. Nós tínhamos apenas 15 libras naquele momento.

No *Histórias do outro lado* eu contei o que aconteceu depois. Quando estávamos sentados em frente à TV, eu vi uma roleta com o olho da mente e a bolinha caindo, ploft, no zero. Aconteceu de novo, ploft. Bastou. Peguei o dinheiro que tínhamos e fui para o Cassino Chevalier, esperando não ter problemas para estacionar, pois quase não tinha gasolina no tanque.

Lá, tudo funcionou como um relógio: uma vaga perto da porta, uma roleta vazia do outro lado da entrada e nossas 15 libras virando 3.500 em meia hora. Eu mal sabia o que fazia, mas os números vinham e eu logo estava enchendo os bolsos do meu blazer com fichas.

Quando cheguei em casa, tentei fazer Jim adivinhar quanto eu tinha ganhado e ele foi até 500 libras, quando eu peguei todas as notas dos meus bolsos e joguei para cima.

Aquelas 3.500 libras eram suficientes — e nada mais — para umas férias maravilhosas para Jim e sua mãe e para acabar com nossas dívidas. Todo o dinheiro do céu tem um propósito — não foi pura sorte, mas algo mais profundo que isso.

Agora, talvez você pense que eu estou me exibindo como se fosse um tipo de santo por recusar o dinheiro de Sylvia e por usar o que ganhei do cassino para causas nobres. Sobre isso eu deveria dizer que depois achei outras 800 libras em fichas nos bolsos do meu blazer, e é claro que Jim e eu achamos que tínhamos tudo arranjado. Esse seria o nosso novo jeito de fazer dinheiro — até sermos expulsos do cassino. Então, voltamos para o Chevalier e em cinco minutos tínhamos perdido tudo. Falando em lição para ser aprendida! Nós nunca voltamos ao cassino depois disso.

Anos depois, quando meu tio Michael morreu em um acidente, a família ficou chocada ao descobrir que ele e Sylvia tinham dividido o dinheiro entre todos os familiares, menos eu. Por meus tios serem muito próximos de mim, parecia estranho, mas eu sabia que era o que tinha conversado com Sylvia. Ela riu por último mesmo. Os advogados me deram um envelope com meu nome escrito, que continha um cheque de 5.000 libras e um recado de Sylvia, dizendo:

— Divirta-se um pouco.

Um das minhas histórias favoritas sobre dinheiro que realmente veio do céu é a de um rapaz grande e musculoso, chamado Willie Stuart, que costumava ir à barbearia para cortar o cabelo. Ele era motorista de táxi e gostava de me provocar com a minha mediunidade porque era um bom moço católico.

— Vamos lá, me conte como o meu corte de cabelo vai ficar — ele dizia.

Eu costumava responder que o corte ficaria tão bom quanto eu conseguisse, e nós dois ríamos.

Uma semana ele apareceu com uma expressão estranha no rosto; quando se sentou, eu lhe coloquei a capa e perguntei se queria o de sempre. Então, ele finalmente disse:

— Sabe, eu brinco muito, mas aconteceu uma coisa que eu tenho de contar para você.

— O que é então, Willie? — perguntei, imaginando se ele estava prestes a me provocar de novo.

— Eu estava quebrado semana passada. — ele contou. — Não tinha movimento e eu nem tive dinheiro para alugar o táxi esta semana. Eu não sabia como ia conseguir me virar se perdesse um dia de trabalho e não queria contar para minha esposa. Então — e eu juro que nunca fiz isso antes —, eu sentei e pedi ajuda a minha mãe. Você sabe que ela morreu há alguns anos, mas disse a ela:

— Se você puder me ajudar, por favor, me guie, porque estou realmente lutando.

A expressão estranha em seu rosto foi se transformando em um sorriso.

— E você não vai acreditar nisso... provavelmente você vai porque eu aposto que isso acontece com você o tempo todo. Fui ao cemitério, como faço todo domingo, para levar umas flores para minha mãe, olhei para seu túmulo e fiquei paralisado. Eu não conseguia acreditar. Pois havia uma bola de notas lá — como se alguém as tivesse segurado com a mão fechada ou no bolso. Vinte notas. E era só o necessário para uma semana de aluguel do táxi, não era?

 Ele estava chorando copiosamente a essa altura, balançando para frente e para trás na cadeira e tremendo de tanto rir. Ele sabia que tinha recebido o pagamento justo por ter provocado a mim e à Christine com a nossa mediunidade. Que prova melhor ele poderia ter conseguido? Eu o adverti, entretanto, que depois dessa pequena evidência, como eu sabia por experiência própria no cassino, a caixa registradora cósmica provavelmente se fecharia.

11

Dinheiro faz mal para o carma?

Eu tenho um amigo que se tornou um político muito bem-sucedido e rico após anos de trabalho duro e competência. Sua esposa me chamou há algum tempo porque estava preocupada com ele. Ela disse que ele estava descontrolado, gastando dinheiro como se fosse água e agindo feito louco. Ela me pediu para fazer uma sessão para ele, mas quando eu fui lá para vê-lo, ele estava com um ar superior e desrespeitoso.

— Eu não preciso disso — esbravejou —, e por que minha esposa precisa falar com você? Ela tem tudo que poderia querer.

Uma noite eu tive um sonho que pareceu significativo. Nele, meu amigo estava em um cassino e havia uma sombra sobre sua cabeça. Ele estava jogando fichas na mesa como se fosse comida de passarinho.

No dia seguinte a esposa dele me ligou em pânico, pois seu marido tinha desaparecido. Ele deveria ter pegado o trem para o norte em uma viagem de negócios e ligado para ela quando chegasse lá, mas ela não recebeu ligação nenhuma durante a noite.

Eu a confortei.

—Vai parecer estranho, mas ele está bem. Ele foi para um cassino.

— Por que ele faria isso? — ela disse. — Como você *sabe* disso?

— Eu estou dizendo, ele foi. Eu não diria se não tivesse muita certeza a respeito. Você vai receber uma ligação dele em um minuto. — E então, eu contei a ela do sonho.

Ela se perguntou o que seria a sombra, mas eu honestamente não sabia. Nós desligamos e mais tarde ela me disse que ele de fato ligou de um hotel com cassino para onde fora depois de cancelar a reserva inicial, mas não contou sobre o dinheiro ou as apostas.

A esposa estava preocupada com o comportamento dele. Fazia muito tempo que ela percebera que ele estava se tornando um homem diferente daquele com o qual casara — o homem que não tinha dinheiro, mas reviraria os bolsos para ajudar um pedinte na rua.

— Ele era o homem mais generoso do mundo quando não tinha nada — ela me contou —, mas esse não é ele. É como se ele estivesse delirando.

Da outra vez em que estiveram em Londres eles vieram me ver e eu senti que ele não estava mais lá — era apenas um enorme ego. Todos nós conversamos longamente, a esposa dele e eu tentamos fazê-lo olhar para sua vida real — seus filhos, seu casamento e seus amigos verdadeiros — mas ele apenas nos dispensou:

— Quem são vocês para dizer isso? Vocês não têm ideia de como eu sou importante.

— Estou bastante satisfeito — eu disse —, e isso é o mais importante, mas você está descontrolado e não está feliz.

— Isso é só bobagem! — ele esbravejou.

A esposa se desculpou em nome dele.

Alguns dias depois, tive outro sonho com ele e a sombra que ficava acima dele. Dava para perceber que ela ficava mais densa e escura.

Foi um homem bem diferente que me ligou um mês depois — falido. Ele disse que precisava me ver e mandou um carro me pegar.

Quando cheguei ao hotel, encontrei-o enrolado em posição fetal, sem conseguir se mexer.

— O que aconteceu com você? — eu achei que ele tinha sido diagnosticado com alguma doença terrível ou perdesse um filho.

— Eu perdi... — e ele falou um valor muito alto de dinheiro. Ele perdeu em outro cassino.

— Você *tinha* todo esse dinheiro?

— Do que você está falando? Eu tinha quase o dobro disso!

— Quer dizer, você tinha mesmo ou estava só no papel? Provavelmente, você não perdeu nada na verdade. Eu aposto que você consegue reaver esse valor. Você não conseguiria gastar esse tanto de dinheiro, de qualquer forma, mesmo que estivesse na sua carteira.

— Olha, eu tenho de ir a uma reunião. Mas não consigo. Eu realmente não consigo.

Nesse momento, a esposa dele chegou, totalmente calma. Eu perguntei se ela estava bem e ela me garantiu que estava muito bem.

— Ele acha que isso é importante. Isso não é importante, isso tudo é o motivo de nós estarmos brigando há meses. As crianças e eu somos importantes, isso não. Restou mais dinheiro do que o suficiente, nós nunca seremos pobres.

— Eu não consigo mais mostrar meu rosto em público — ele grunhiu. — Todo mundo vai saber o que aconteceu comigo.

— Vamos lá, você tem que ir a uma reunião — eu disse a ele. — Levante-se e seja homem.

— A minha sombra ainda está comigo?

— Provavelmente não — você tem que enfrentar a vida, e isso é tudo.

A única coisa que podia fazer era oferecer uma cura. Depois disso, sua esposa e eu o tiramos do chão e fomos para a reunião.

Ela me ligou mais tarde para dizer que ele tinha sobrevivido à reunião, mas tinha desmoronado de novo. Eu perguntei a ela novamente se estava bem.

— Oh, estou bem. Eu vou apenas vivendo um dia após o outro com ele — ela disse. — Isso tudo serviu para ele despertar de verdade. Acho que ele esperava que o dinheiro significasse algo para ele, com isso de jogar as fichas no cassino daquele jeito. E agora significa. Ela acha que perdeu a moral, mas ele já tinha perdido quando começou a gastar dinheiro por aí.

Ela está esperando que o homem com quem se casou volte para o relacionamento, e ele tem sorte de tê-la ao seu lado, porque ela consegue lembrar o que ele era antes de perder a cabeça. Ela sabe que ele é um homem bom e apenas precisa se lembrar disso.

Não há nada de intrinsecamente ruim no dinheiro, em qualquer quantidade que seja, o que acontece conosco é que é importante. Se não formos cuidadosos e não tivermos um equilíbrio interno que vá nos dando um balanço de nosso estado, podemos ser moldados por ele. E, na melhor das hipóteses, ele pode criar coisas maravilhosas, mas na pior, pode destruir.

Dinheiro é como o ego — quando está fora de controle você é o último a se dar conta. Você precisa ter certeza que há uma razão para tê-lo, para que possa qualificar o que faz e usá-lo de forma apropriada, não para acender seus charutos se você nem mesmo gosta de charutos!

Com o trabalho que faço, conheci várias celebridades que estavam no pico de uma explosão de sucesso e só gastando o dinheiro. Como aquele casal de jovens de Liverpool, eles pareciam ter perdido toda a noção de quanto seu dinheiro realmente valia — não conseguiam enxergar mais longe do que o dia seguinte. Porque não estavam prestando atenção no que acontecia ao redor nem dentro deles, permitiram que o dinheiro se tornasse uma energia malévola. Atraíam amigos falsos que os sugavam enlouquecidos e os deixavam sem nada. Atraíam pessoas que tinham medo de contar a eles o que estava acontecendo com suas contas bancárias e suas carreiras.

Dinheiro também pode despertar desejos adormecidos. Eu me lembro de Darren Day me contando que tinha cheirado ou bebido centenas de milhares de libras em drogas e álcool — o dinheiro tinha deixado soltas essas fraquezas. Um dia ele acordou na sarjeta do lado de fora de um teatro em West End, que tinha seu nome escrito no letreiro luminoso, e percebeu ter chegado ao fundo do poço. Ela não só tinha perdido o dinheiro, mas também seu talento e o rumo na vida, excluindo de sua vida sua ex-companheira, Suzanne, e quase arriscando a possibilidade de ser um pai para seu filho Corey.

Dinheiro é uma energia e pode ser uma coisa boa, mas há limites para o que se pode realmente ter nas mãos e ainda entender o que significa em um nível mais profundo. Nesta nossa vida há poucas coisas que podemos controlar. Mas dinheiro pode ganhar um significado real quando você dá esse sentido a ele e o usa para fazer coisas que vão enriquecer verdadeiramente sua vida e a das outras pessoas.

Eu nunca vi o espírito humano mais forte do que na África do Sul, onde as crianças que conheci no Soweto não tinham absolutamente nada, viviam cercadas por crimes hediondos e ainda assim irradiavam alegria. Pensar nelas ainda me anima. É uma atitude diferente em relação à vida — elas sentem muito prazer com o pouco que têm. Isso não significa que não sejam ambiciosas ou que vivam em uma terra de fadas onde não sabem o valor do dinheiro — elas sabem, de verdade. Sabem que dinheiro vai alimentá-las, vesti-las, educá-las, colocará um teto sobre suas cabeças e as ajudará a viajar pelo mundo — acima de tudo, permite que façam coisas concretas e práticas, que ajudem os outros, bem como suas famílias. Entretanto, não esperam que ele traga felicidade espiritual — elas mesmos providenciam isso.

Se você não cresce com a sua pilha de dinheiro, você apenas adicionará mais zeros à sua conta bancária, não à sua alma. A energia que o dinheiro dá pode lhe transformar em um tipo de viciado.

Eu me recordo de um homem chamado Ian, que fazia parte da comunidade de cabeleireiros de Glasgow. Ele era uma ótima pessoa, sempre querendo pagar uma bebida para todos no fim do dia e que adorava uma cantoria no bar. Era comum que algum de nós estivesse com pouco dinheiro e alguém sempre emprestava uns trocados, mas esse homem não esperava receber de volta. Nós morávamos em uma parte da cidade em que ninguém trancava as portas porque não havia nada para ser roubado. Os aposentados deixavam as portas abertas para que você pudesse dar uma passada e ver se estavam bem e se precisavam de alguma coisa. As pessoas eram muito acessíveis e tomavam conta umas das outras. Havia uma verdadeira camaradagem entre os barbeiros e cabeleireiros, e Ian era o centro disso. Ele não era santo e gostava de apostar um dinheirinho, mas você não podia dar uma festa sem alguém perguntar se ele estaria lá. Se você não conseguisse garantir que ele estaria na sua festa, muitos nem apareciam. Ele carregava consigo uma energia benevolente.

Ele aproveitou a chance de começar seu próprio negócio e tudo deu certo para ele muito rápido. Normalmente levava um tempo para o profissional construir a clientela, mas no caso dele não demorou a contratar mais gente e abrir filiais. Nós sabíamos que ele queria isso havia muitos anos, então todos estávamos muito felizes por ele.

O problema foi que Ian começou a mudar. Ele parou de ir ao bar e parou de ir apostar. Logo você perguntaria se o tinham visto sair para algum lugar e todos ficariam com cara de ponto de interrogação. Ninguém tinha saído com ele para beber em meses e ele não queria mais ir às festas.

Quando esbarrei nele, não foi difícil entender por quê. Ele estava diferente fisicamente, abatido e com muita raiva do mundo. Tentei conversar, mas ele foi grosso o tempo todo. Perguntei como os salões estavam indo e ele rebateu:

— Não é da sua conta — e terminou a conversa.

Alguém me disse que pediram a ele uns trocados emprestados e pensaram que ele fosse matar alguém. Outro amigo apareceu no salão dele um dia só para dar um oi, e viu os funcionários sem jeito — Ian desaparecera pelos fundos quando viu seu velho amigo entrar e mandou que eles dissessem que tinha saído.

Com o passar do tempo, ele se tornou um tipo de eremita. Era óbvio que pensava que todos estavam atrás do dinheiro dele ou de trabalho, e mesmo estando apenas com 50 anos, parecia décadas mais velho.

Encontrei com ele na rua uma vez e tentei de novo. Não consegui me segurar e disse que ele estava enrugado.

— Não é de estranhar — ele murmurou —, com todas as preocupações que tenho. Se você soubesse a pressão que tenho enfrentado.

— Que preocupações? Seu negócio está indo bem e você acabou de voltar de férias.

— Você fala um monte besteira, essa baboseira que faz com os espíritos. Não tente ficar me analisando.

— Só estou conversando com você como amigo. O que aconteceu? Você era uma cara legal.

— Isso é bobagem.

A ganância dele o estava consumindo, o dinheiro o estava consumindo; eu podia vê-lo afundando. Logo ele afastou todos de sua vida. Sua filha se mudou para o Canadá, em parte, eu soube, porque não suportava mais o pai, e o filho dele o repudiou. Se dinheiro é uma energia, ele tomou uma dose excessiva e isso não lhe trouxe alegria. Ele só pensava em conseguir mais e defendê-lo de todos aqueles 'ex-amigos' que só queriam saber do dinheiro.

Ele morreu seis ou sete anos depois de conseguir seu próprio negócio. Teve um câncer e morreu algumas semanas depois do diagnóstico. Que desperdício de um homem bom, um homem que sabia como aproveitar a vida até que teve o sucesso para aterrorizá-lo.

Eu me lembrei de Ian quando conheci uma mulher em um bar na França, anos depois. Ela havia passado por fases muito ruins, mas entendeu de forma saudável a energia do dinheiro, algo que Ian jamais conseguiu. Jim e eu aparecemos uma noite para tomar alguma coisa e ficamos conversando com ela. Ela era uma dessas pessoas cuja vida é fascinante. Ela era a gerente, e tinha o rosto marcado como se já tivesse passado por maus bocados, mas era uma alma sincera.

Ela contou que nascera em uma família muito rica na Inglaterra e que tivera um marido rico, uma casa grande, tudo que alguém poderia querer. Ela também fora viciada em álcool e outras drogas e uma crise a deixou internada em um hospital particular por dois anos. Ela devia muito dinheiro aos traficantes, não conseguiu pagar as contas e estava falida. Quando saiu do hospital, fugiu, e foi assim que acabou parando nesse bar.

Agora ela tinha um emprego, um pequeno salário e estava feliz. Não era um bar estupendo, mas ela nunca tivera nada tão permanente quanto esse emprego em toda sua vida. Ela sentia que finalmente estava vendo a vida como realmente era e conhecendo pessoas de verdade. Ela sabia que um parente morrera e que os advogados tentavam contatá-la porque ele lhe havia deixado sua fortuna, mas de jeito nenhum ela voltaria a viver daquele modo. Ela mudara de nome e esperava que eles nunca a encontrassem.

— Seria como voltar para o inferno — ela nos disse. — Eu estive no meio de toda a ganância e materialismo antes e não tinha o menor controle sobre isso. Sei que não demoraria muito até que me perdesse novamente. Aquele dinheiro é um monstro, não uma bênção.

Eu acredito que se possa dizer que aquela mulher escolhera tomar aquelas drogas ou fazer aquelas dívidas e que ela deveria aproveitar a oportunidade para controlar sua antiga vida e não fugir dela, mas algumas vezes reconhecer seus limites é a melhor maneira de exercer esse controle. Ela não ia se arriscar e simplesmente não se colocaria numa posição que a tentasse.

Porque ela passou por tanta coisa, podia perceber quando outras pessoas estavam lutando, e nós a vimos em outras noites daquelas férias chamando alguém de lado e tentando descobrir qual era o problema. Parece que ela já tinha ajudado muitas outras almas perdidas que tinham aparecido naquele lugar.

O interessante foi que quando ela se livrou do vício da bebida e das drogas, ela também se desvencilhou do dinheiro, o mesmo que fez do meu velho amigo Ian um viciado. Ele teria facilitado muitas coisas para ela, mas ela achara uma riqueza naquele bar, por mais estranho que pareça para um alcoólatra em recuperação. Ela nos contou que nunca se sentira viva e fazendo parte de algo antes de chegar lá. Ela aprendera do jeito mais difícil como contar suas bênçãos e ser grata por elas todos os dias, consequentemente sua nova vida era muito mais rica do que a antiga.

Dinheiro — seja um ganho repentino e imprevisto ou uma perda repentina que esvaziou seus bolsos — geralmente indica uma bifurcação no caminho. A estrada que pensávamos seguir com alegria pode se dividir em dois ou até mesmo se despedaçar embaixo dos nossos pés. Quando declinei da herança de Sylvia, eu me coloquei em certa sequência de ações. Quem sabe o que teria acontecido comigo se tivesse aceitado aquele dinheiro? E se meu amigo político tivesse dobrado o dinheiro em vez de perdê-lo no cassino? Teria sido um despertador tão eficiente quanto o que tocou quando ele deparou com sua sombra e perdeu milhões?

As pessoas já me perguntaram coisas do tipo:

— Minha filha vai fazer um bom casamento?

E eu tenho de devolver a pergunta e dizer:

— O que você quer dizer com "bom"?

Eles querem que ela seja rica em espírito e em amigos ou que tenha um Lamborghini e um marido que tem três amantes? A palavra 'riqueza' pode ser aplicada a muitas coisas.

Eu fazia um bico de uma semana como professor no Centro Espírita da Arthur Findlay College, perto de Stansted, quando conheci uma senhora chamada Carey. Nós gostávamos de fumar e tomar uma xícara de café no bar pela manhã todos os dias e tentar consertar o mundo. Ela devia ter uns 60 anos, uma mulher bonita e confiante da qual se podia dizer que estava muito certa de sua vida espiritual. Ela tinha uma loja que vendia velas e outros badulaques, eu a notei em parte porque parecia muito independente. Ela estava sempre por aí tentando ter um tempo para si mesma, pondo vasos nos jardins ou arrumando tudo em silêncio. A faculdade era em Stansted Hall, uma mansão do século XIX no terreno de uma casa ainda maior, com jardins muito bem conservados, que iam até onde a vista alcançasse em todas as direções. A senhora Carey parecia aproveitar a atmosfera de paz e frequentemente eu a via contemplar um canteiro de tulipas no meio do gramado principal.

Ela não teve muita pressa de me contar a história que a levara a tal estado de graça. Originalmente, ela tinha sido casada com um empresário de sucesso e tiveram uma vida e tanto, uma grande casa elegante, com todas as decorações da moda e um carro novo todo ano. Ela era a secretária de seu marido, mas tinha muito tempo para tomar café com bolo com as damas do local e se sentir parte da nata da sociedade.

Sua vida prazerosa foi abalada quando descobriu que seu marido tinha um caso com a irmã dela. Ela o deixou e se isolou em um pequeno apartamento, enquanto sua irmã foi morar com seu ex-marido. Os sete anos seguintes foram um purgatório, enquanto ela se debatia em um emprego mal remunerado e consumia seu coração, passando todas as noites sozinha naquele pequeno apartamento. Ela se sentia feia, sem valor e começou a comer enormes quantidades de comida e engordar, pensando que não tinha importância porque ela já era repulsiva mesmo. Ela acreditava estar de luto por causa de seu casamento, mas um dia percebeu que não era de seu marido que sentia falta, mas do seu ótimo estilo de vida. Ela estava chorando pela perda de sua casa grande e do café com as senhoras elegantes, não por ele.

Então, seu pai morreu e ela sabia que teria de encarar sua irmã e seu ex-marido no enterro. Ela teve o maior choque de sua vida quando eles ficaram um de cada lado do túmulo se encarando, e ela notou que sua irmã era uma alcoólatra e já tinha bebido naquele dia, e que seu marido parecia ter murchado até a última gota. Seus olhos estavam abertos — lá estava ela em boa saúde, de bem com a vida, tranquila e olhe a destruição que aquele ótimo estilo de vida tinha causado a eles! *Ela* poderia ter sido aquela outra mulher no cemitério, cambaleando e cheirando bebida.

Esse era o momento da virada. Ela decidiu o que queria fazer de sua vida e foi arrumar sua loja. Conseguiu controlar a comilança e começou a se exercitar mais; gradualmente o peso diminuiu.

Um pouco depois, ela começou a sair com um dos representantes de vendas que atendia sua loja, se apaixonaram e se casaram. Ela se tornou a mulher confiante que me impressionou sobremaneira na semana do curso porque me disse isto:

— Eu não sou rica, mas eu tenho alegria suficiente para durar o resto da minha vida. As pessoas procuram riqueza nos lugares mais errados. Elas rezam para os anjos e deuses e fazem todo tipo de coisa por dinheiro. Mas as riquezas desta Terra vêm desta Terra, e nós só precisamos saber onde encontrá-las.

Então, qual é a melhor maneira de lidar com dinheiro? Eu acho que é ter duas contas no banco, uma material e uma espiritual, e manter um bom saldo nas duas. Louise Hay me disse, assim que me associei à Hay House:

— Quando você é sábio o suficiente para distribuir riqueza com uma compaixão adequada, então aquele dinheiro virá até você. Primeiro, você tem que aprender a usá-lo para fazer o que parece certo.

Eu sempre procuro ter essas palavras em mente. Quando você é digno do dinheiro, ele virá até você e você não ficará desestabilizado por ele.

Também se pode pensar que quando você se desenvolve espiritualmente requer cada vez menos coisas materiais do universo. Você se transformará na pessoa que dá, usando o seu dinheiro para fazer as coisas acontecerem para outras pessoas. Use bem essa energia.

12

A MORTE É UMA PUNIÇÃO?

Eu estava trabalhando no salão quando uma das meninas atendeu ao telefone e disse que era para mim. Eu me desculpei com meu cliente e fui atender. Uma mulher com um sotaque cortante estava na linha. Ela disse seu nome, Sonia, e que estava a caminho do salão para falar comigo. Comecei a argumentar que estava com agenda lotada pelo resto do dia, mas ela me interrompeu e disse:

— Vejo você daqui a pouco.

Desliguei o telefone, e no mesmo instante um homem entrou no salão com uma bandeja de bolos de uma das melhores confeitarias de Glasgow e disse:

— Você é o Gordon Smith?

Eu estava perguntando a ele o que é que estava acontecendo quando uma senhora muito glamourosa entrou, usando um cabelão armado e casaco de pele.

— Olá, querido, sou eu, Sonia! — ela disse. — Você vai me ajudar a me livrar da dor.

— Mas quem é você afinal?

Não houve jeito de tirá-la do salão, então eu disse que ela teria de esperar eu terminar com o cliente. Ela concordou a contragosto. O tempo todo ela falava com esse sotaque estranho que eu não conseguia saber de onde era — não era americano, nem era um sotaque britânico esnobe.

Finalmente nós ligamos a chaleira, pegamos um pedaço de bolo cada um e fomos para a cozinha nos fundos, a fim de que eu pudesse fazer uma sessão com ela.

Logo de imediato um rapaz adolescente apareceu — seu filho —, e foi como se toda aquela fachada, o casacão, o cabelo e o sotaque, desmoronassem.

— Ele está feliz? — ela perguntou de cara. — Ele está bem?

— Ele está em um lugar bom agora. Está me mostrando o que aconteceu. Ele entrou em uma briga. Não tinha nenhuma relação com ele.

O rapaz estava tomando alguma coisa depois do trabalho quando uma briga começou perto dele, tentou apartar e foi esfaqueado.

— Você tem certeza de que ele está bem? — ela insistiu.

— Toda. Ele diz que ama você. Não se preocupe.

Quando a sessão acabou ela queria conversar mais sobre o que aconteceu com seu filho. Ela tinha se forçado a ir identificar o corpo e insistira para que tirassem o lençol que o cobria, e descobriu que ele não tinha sido esfaqueado uma vez, mas muitas e muitas vezes.

— Esses animais... Eles nem o conheciam! — ela desabafou. — Eles não tinham nada que ver com ele... Como puderam fazer isso com ele? Continuar atacando de novo e de novo?

Depois de um tempo ela limpou os olhos, vestiu o casaco novamente, colocou aquela fachada fabulosa no lugar e foi-se embora. Eu achei que acabara, embora eu não tivesse sentido que ela conseguira muita paz de espírito, mas umas semanas mais tarde o telefone tocou e reconheci a voz dela, embora ela não tivesse se incomodado em fingir o sotaque chique dessa vez.

— Preciso encontrar com você novamente. Eu fiz algumas coisas muito ruins.

— Que tipo de coisas ruins?

— Ah, eu não poderia contar, mas são muito ruins. Eu acho que é por isso que meu filho foi tirado de mim. Foi minha culpa.

— Não, Deus não o tirou de você como punição, ele apenas estava no lugar errado na hora errada, e você nem estava lá, como poderia tê-lo salvado? Por que você quer assumir a responsabilidade por isso?

Então ela começou a me contar. Ela era uma ladra e, ainda que não tivesse machucado fisicamente uma única pessoa, havia roubado de grandes empresas.

— Há quanto tempo seu filho morreu?

— Sete.

— Você passou sete anos achando que roubar aquelas empresas matou seu filho? Culpando-se?

— Sim...

— Mas essas coisas pertenciam a alguém que gostava delas? Ou elas estavam apenas guardadas na loja? Tem mais alguma coisa errada aqui... Tem alguma coisa da sua infância, quando alguém disse que você era uma menina má. Quem disse isso para você e a fez pensar que isso iria assombrá-la?

Ela não me deu nenhuma resposta, então, continuei falando:

— Você sabe, essas coisas que você roubou realmente não afetam outras pessoas. Pode ter sido contra a lei, mas como isso se conectaria com a perda do seu filho?

Eu não consegui, a despeito de muito esforço, fazê-la ver que não havia conexão entre os bens roubados e o filho ter sido tirado dela. A questão parecia ser que ela queria que o filho compensasse seus próprios erros, dando a ele uma educação cara e o transformando no filho perfeito — bonito, charmoso e com boas maneiras. Seu garoto de ouro fora sua tentativa de se livrar do seu antigo eu. Quando ele morreu, ela já estava pronta para pensar que era responsável, sentindo-se culpada pelo que fizera no passado. Ela tinha feito um tipo de carma falso para si mesma e isso a fez sofrer ainda mais profundamente.

Você consegue fazer da punição um monstro maior que você, de forma que todo o processo fica fora de controle. Remorso e culpa entram nessa categoria, junto com a necessidade de se martirizar. Isso é o que aconteceu com minha amiga de casaco de pele. Ela tinha perdido a única coisa que amara mais que a própria vida e encarou isso como um chamado para despertar, mas ela poderia ter despertado a qualquer momento sem que a vida de seu filho tivesse sido perdida.

Muitas pessoas que vêm até mim para uma sessão já estão com essa ideia que uma morte é culpa delas. É como o pessoal que acha que está sendo magoado porque tem muito dinheiro. Eles parecem oprimidos e fracassados —arrancam algo do passado que os faz sentir culpados e se convencem que isso está ligado à situação que seu ente querido passou.

De certa maneira, é a coisa mais fácil do mundo. É natural olhar para a perda de um ente querido e querer respostas para questões impossíveis, como: "Por que eles? Por que agora?". E se, como Sonia, culpa e autocomiseração já estiverem dentro de você, a próxima questão será:

— É minha culpa?

O que deve ser mantido em perspectiva é que *a morte não precisa fazer sentido*. Você não perde um filho porque roubou um colar de diamante ou porque ganhou um milhão. Um assassino não recebe 'o que merece' quando é morto em um acidente de carro depois do crime. Uma pessoa que trabalha fazendo caridade não fica com câncer porque 'apenas os bons morrem cedo.' Se você acha isso, está examinando a questão pelo ângulo errado. Afinal, esse raciocínio não significaria que você afirma que uma freira de bochechas cor-de-rosa com 95 anos é má? Ou que seu bisavô chegou aos 80 porque era um inútil?

Muito do nosso medo da morte — e consequentemente do medo da vida — vem da noção de que morte é punição, mas faz parte da vida e chegará para nós, cedo ou tarde. Você não fica com câncer porque foi maldoso com seu irmãozinho, você fica porque isso existe. A má sorte existe sem que você a traga para si mesmo. Coloco mais uma vez, *você não consegue controlar tudo o que acontecerá em sua vida*. Às vezes, o melhor que pode fazer é ver a si mesmo como alguém que ilumina a escuridão para os outros. Há forças sombrias trabalhando neste mundo, forças que existem por causa do comportamento humano, das manchas e lembranças deixadas para trás depois de acontecimentos terríveis. Mas elas não são causadas por suas vítimas.

E, também, não importa se você é muito bom, ainda assim você pode ser afetado pelo grande sistema de carma que anda paralelo às nossas vidas e pode nos atingir como um tsunami. Se um homem for a uma estação do metrô, por exemplo, e houver um homem-bomba que escolheu justo aquele momento para detonar os explosivos, e esse homem perde um membro, pode ser que ele tenha entrado em um carma maior, a algo que ele talvez esteja ligado. Mas não é uma punição porque ele fez sua namorada chorar na semana anterior.

Recentemente, uma mulher na plateia me perguntou se, quando morremos, temos de dar conta de nossas vidas em algum tipo de juízo final. Isso é bem verdade, embora não envolva ser condenado aos confins do inferno e tudo o mais. O mundo espiritual não é um lugar de punição. Eu nunca tive contato com um espírito que estivesse no inferno ou no limbo. O mundo espiritual é um lugar maior do que este em que estamos, um lugar onde energias se encontram e o conhecimento é compartilhado. A experiência por lá será a de compartilhar consciências, não a de receber pelo equivalente feito em vida.

Quando você desencarna, você revive os momentos mais importantes de sua vida e vê as consequências de suas escolhas e como elas afetaram outras pessoas. Ocorre uma espécie de processo de iluminação, no qual você vê os padrões e propósitos de sua vida muito claramente, o porquê de você ter escolhido determinada sequência de ações e o que aprendeu com essas experiências.

Se nesta existência você estiver consciente das coisas que fez e de suas consequências, então já começa com vantagem no mundo espiritual e em quaisquer das futuras existências. Se você está menos consciente de seus caminhos, então vai levar mais tempo para aprender essas lições, mas você ainda terá chance. Alguns dos espíritos mais 'pesados' dos quais recebi comunicação eram aqueles que tinham cometido crimes muito graves, ignorando plenamente a dor que infligiam aos outros. Eles vão precisar se empenhar mais espiritualmente para alcançar aquele entendimento do todo, o entendimento que os libertará.

Se olharmos do ponto de vista do espírito, morte é a libertação do confinamento desta vida e de todas as lições que estávamos recebendo para aprendermos do modo mais difícil. Eu chamei isso de 'momento eureca' porque pareceu adequado — tenho uma enorme sensação de alegria e leveza da maioria dos espíritos que recentemente passaram por mim. Quando se começa a ter entendimento sobre esse processo de transição para espírito e o que isso realmente significa para nós, a morte não parece tão ruim.

Dizem que religião é para pessoas que estão preocupadas em ir para o inferno, espiritismo é para pessoas que já foram arrastados para lá. O inferno é aqui na Terra: apenas em nossa forma humana nós sofremos, como espíritos não sentimos a mesma dor de quando estávamos presos em nossos corpos. Nós deveríamos ver nossos corpos como veículos nos quais estamos viajando, veículos que sofrerão e se desgastarão pelas coisas com as quais entrarem em contato mas que, em última instância, são apenas conchas para a nossa alma. Nós viajamos por este mundo, e quando nossa jornada acaba voltamos a ser espíritos.

Esta é a história de uma mulher que sentiu que estava sendo punida por alguém no outro lado, mas que no final pôde encontrar a paz.

Cheguei a um Centro Espírita em Midlands cerca de dez anos atrás, para fazer uma demonstração, e fui levado ao que se poderia chamar de camarim dos médiuns, onde eu poderia guardar as minhas coisas e tomar uma xícara de chá. Uma senhora se juntou a mim, ela era a secretária do centro e quando conversávamos, ela disse:

— Eu acho que alguém me contou que você era amigo de Albert Best?

— Sim, eu era — falei.

—Você sabe, aquele homem salvou a minha vida — ela disse.

Eu pedi que ela contasse o que aconteceu.

Anos atrás, ela estava dirigindo seu carro em Leicestershire, onde morava naquela época, quando uma menininha correu na frente das rodas de seu carro. A criança foi morta instantaneamente e a mulher viu tudo isso se descortinar diante de seus olhos — os ferimentos, os gritos, o choque. Ainda que não fosse sua culpa, ela não conseguia tirar o horror de sua mente, e seguidamente ela via a criança correr, sentia o impacto e via o sangue. Meses se passaram, depois um ano se passou, e as coisas continuavam iguais. Ela parou de comer, sem se importar consigo mesma, só queria desaparecer. Ela não dormia porque, quando fechava os olhos, revivia todo o acidente de novo. Ela tinha pensamentos suicidas, e certa noite em seu quarto gritava:

— Por que eu? Por que eu? Eu não fiz nada de errado! — e começou a soluçar.

No dia seguinte ela andava pelo centro da cidade e prestou atenção em um prédio pelo qual ela já havia passado muitas vezes em sua vida, sem prestar atenção no que era: o Centro Espírita na Vaughan Way. Ela viu um pôster dizendo: 'O médium internacionalmente renomado Albert Best virá aqui hoje, às 14h30min. Ela se virou e entrou no centro como se uma linha levasse para dentro. Escolheu um lugar e sentou-se ali, alienada, mal conseguindo se concentrar. Na verdade, ela mal conseguia entender uma palavra do que aquele irlandês baixinho dizia.

Então, ele se virou e apontou para ela. Era uma daquelas mensagens tipicamente contundentes que Albert costumava receber e enviar.

—Você matou uma criança faz um ano — ele disse, e deu o nome da rua onde tinha acontecido. Todo o centro virou para olhar para ela, horrorizado. — Essa criança estava com você na noite passada — Albert continuou —, quando você estava urrando 'Por que eu? Por que eu?' no seu quarto.

A mulher surtou, sentindo-se como se estivesse sendo atacada, sua mente rodando com perguntas enquanto Albert fornecia mais e mais detalhes: a idade da criança, particularidades do carro, a placa... Como esse homem desconhecido poderia saber o segredo que ela carregava consigo? Como ele conseguia descrever o modo que ela estava sentada em um quarto escuro, gritando para Deus, pedindo para morrer?

Albert continuou falando e disse que a menininha estava lá naquele momento e que fora ela que levara a mulher até aquele Centro Espírita. O fato de que ela queria se matar a ligava a essa criança, a criança precisava dela para superar sua passagem e então poder ir para o outro lado, e não ficar presa numa repetição dos seus últimos momentos.

— Eu quero que você perdoe a si mesma — a menina disse, por meio de Albert. — Eu não aguento vê-la sofrendo.

Vinte anos depois, na sala dos médiuns em Nuneaton, a mulher me contou que aquelas palavras trouxeram uma completa mudança para ela. Agora ela podia parar de ser assombrada por lembranças e seguir em frente. Uma vez que ela soube que a menininha estava em paz, ela mesma encontrou paz e começou a viver de novo. Depois dessa experiência no centro, ela foi estudar espiritismo e mais tarde passou a fazer parte do movimento.

Mesmo sofrendo as mais profundas dores, podemos encontrar formas de crescer espiritualmente. É natural sofrer reviravoltas emocionais logo depois de um choque, mas ao passamos por isso, se não nos afundarmos com pensamentos de punição, podemos elevar nossa mente a uma frequência espiritual mais alta, aprender com essa experiência e crescer.

13

O QUE É UM ATO DE DEUS?

Aprendi uma grande lição sobre natureza uma vez, em janeiro, quando Jim, nosso amigo Gordon e eu fomos a um cruzeiro na baixa estação, pelas Ilhas Canárias. Lá no meio do Atlântico, o navio foi atingido por uma tempestade fortíssima, com ondas de quase 10 metros de altura e tão violentas que as pessoas tiveram de se agarrar à mobília para evitar serem atirados para lá e para cá no navio. Tudo que podia ser guardado em uma gaveta ou armário foi empacotado para impedir que fosse arremessado pela cabine e batesse em alguém, deixando-o inconsciente. Quando o navio mergulhou em uma onda, a proa afundou na água, a hélice girando em pleno ar e depois bateu na água, fazendo um barulho estrondoso. Os conveses superiores foram fechados, o navio foi declarado em estado de emergência e fomos todos mandados para nossas cabines. Ninguém poderia andar para ir até a enfermaria e a própria enfermeira estava prostrada com náusea.

Acho que todos os passageiros do navio devem ter rezado para todos os deuses do universo naquelas primeiras horas. Rezar era praticamente tudo o que se poderia fazer enquanto você tentava se segurar e mesmo assim era jogado para todos os lados com a força da tempestade. Um homem idoso teve um ataque cardíaco e muitos outros começaram a hiper ventilar quando não estavam vomitando de estômago vazio. O pobre Gordon estava em uma cabine alta, na frente do navio, o que lhe fez sentir-se como se estivesse cavalgando um mergulhão por trinta horas. Jim e eu estávamos bem no fundo do corredor, perto das hélices, e quando o navio já estava passando por aquelas ondas havia doze horas, percebemos que se ele afundasse não teríamos a menor chance. Mesmo que chegássemos até o ponto de encontro com nossos coletes salva-vidas, não haveria como um helicóptero vir e resgatar a todos os passageiros do navio e, uma vez na água, morreríamos em menos de uma hora no meio do inverno do Atlântico. Nós estávamos completamente perdidos. Que se dane, decidimos, afundaríamos com o navio. Sentamos no chão de pernas cruzadas, segurando na mobília fixa, abrimos uma garrafa de uísque para nos anestesiar.

O estranho foi que apesar de o mar estar muito revolto e nós muito nauseados e desorientados no começo, acabamos nos acostumando com isso. Por horas sua mente analisa possibilidades: 'E se batermos nas rochas? E se tombarmos?' — e então, depois de um tempo você para de rezar pela vida e, em vez disso, reza pela morte. Você fica alerta a cada estremecimento nas laterais da cabine ou a cada ronco do motor, imaginando o que teria mudado e o que isso significava.

Depois de 12 horas, conseguimos levantar e cambalear pelo passadiço, mas o navio se parecia com o *Marie Celeste*.[*] Todos estavam mais do que nauseados — cada parte do corpo tão desorientada como se tivesse saído da centrifugação de uma gigantesca máquina de lavar. Agora nós estávamos

---

[*] Mary Celeste foi um navio encontrado à deriva na direção do estreito de Gibraltar em 1872. Desconhecem-se as razões pelas quais foi abandonado ou o que aconteceu com a sua tripulação. (N.T.)

em uma marola, que era tão parecida com um pesadelo, a seu modo, quanto as ondas da tempestade. O navio teve a âncora arrancada e nós tivemos de navegar em volta da Ilha da Madeira por mais 18 horas antes da marola acabar e ser seguro o suficiente para entrar na baía.

Eu me lembro de ouvir, quando era criança, pessoas dizerem que as vítimas de uma tempestade, avalanche ou terremoto eram mortas por 'um ato de Deus', mas depois dessa tempestade entendi que essas coisas não tinham nada que ver com Deus, mas com um ato da Terra. Se o mar queria nos destruir, então assim o teria feito e não haveria nada que pudéssemos fazer a respeito. Quando você se coloca nas entranhas desse elemento, você lhe confere o controle do seu destino.

Deus não tinha condenado todas aquelas centenas de pessoas do navio, era apenas a Terra agindo com suas próprias contracorrentes e ritmos. Nós éramos irrelevantes. A tempestade teria acontecido estivéssemos lá ou não, e o passadiço teria sido engolido instantaneamente se tivesse mergulhado da forma errada em uma onda. Eu nunca me senti tão pequeno ou tão impotente em toda a minha vida.

Todas as pessoas que eu encontro que perderam um ser amado em um desastre natural, aparentemente tomaram isso como pessoal. 'Por que eu não previ?', eles perguntam, como se pessoas que vão fazer um cruzeiro esperassem uma ventania arrasadora e os que vão esquiar esperassem uma avalanche. *É* pessoal em certo sentido, porque você não apenas perdeu alguém, mas também percebeu como é pequeno e inútil em face da natureza e do destino. Mesmo que estivesse com a pessoa que morreu, você foi incapaz de segurar as ondas ou o desmoronamento. Então, não é surpresa que depois de desastres, as pessoas, com frequência, percam sua fé ou se tornem ainda mais apaixonadamente devotadas a ela.

Eu já escrevi outras vezes sobre uma sessão que fiz na Itália, para um casal que perdeu um filho em uma avalanche quando estava em uma viagem da escola, esquiando. Eu fiquei surpreso quando três crianças vieram para eles: seu filho, sua sobrinha e o melhor amigo do filho. Por uma hora e meia eu trouxe mensagens dessas crianças sobre os detalhes que eles adicionaram aos enterros, sobre gestos que fizeram ou épocas que lembraram. Eu tentei demonstrar como eles estavam felizes agora, mas o homem e a mulher não acreditavam. Eles estavam em melhores condições financeiras do que as outras famílias da escola e pagaram para a sobrinha e o melhor amigo irem nessa viagem. E então, eles puxavam a culpa para si — na verdade eles queriam que seu filho estivesse bravo com eles.

— Deus nos estava punindo por sermos bem-sucedidos — eles disseram. — Foi por isso que ele levou as crianças.

Eu tentei me opor, mas eles não aceitavam.

— Diga-nos, devemos nos livrar do dinheiro? Isso seria uma penitência?

Eles também estavam preocupados porque Deus não havia dado nenhum tipo de aviso. Era porque eles não eram 'bons' o suficiente?

Eu fiquei com pena dessas pessoas. Eles estavam procurando desesperadamente ver sentido no que aconteceu e eu tentei ajudá-los, mas, enquanto a reunião continuava, foram ficando cada vez mais nervosos, eu sentia que estávamos tendo uma batalha, eu e as crianças em espírito tentando tirá-los desse inferno e os dois nos arrastando para lá. Toda a culpa era 100% autoinfligida — nenhum dos outros pais os culpava —, e eles realmente tentavam se responsabilizar por uma força incontrolável da natureza. Certamente eles poderiam dar todo o dinheiro que tinham, mas isso não evitaria que avalanches e outros desastres naturais acontecessem no futuro, nem que pessoas fossem mortas ao serem atingidas por eles.

Perda não é uma questão de culpa ou responsabilidade, é apenas uma emoção perturbadora. Mas é sempre mais fácil se você conseguir aceitar que o que aconteceu estava fora do seu controle e se concentrar em ir em frente e viver sua própria vida.

14

O QUE DESENCADEIA UMA MORTE VIOLENTA?

Antes de começar a treinar para ser cabeleireiro, trabalhei em uma loja de material de construção, no sul de Glasgow, carregando caminhonetes e como ajudante geral. Outro rapaz de 16 anos trabalhava comigo, mas tinha planos de sair de lá — ele trabalharia ali até os 17 e depois se alistaria no exército. Ele saiu em 1979 e na próxima vez que o vi foi depois do seu treinamento, quando veio até o pátio exibindo seu uniforme, , orgulhoso de si mesmo.
No começo dos anos 1990, quando eu estava trabalhando em um pequeno centro em Glasgow, fui abordado por um casal de idosos, pequeninos e encurvados, com um olhar assombrado.
— Você conheceu nosso filho, Michael — eles disseram.
— Você trabalhou com ele.
Por um tempo não consegui saber de quem falavam — eu estava pensando em um barbeiro ou cabeleireiro — e então o casal falou o nome da loja de material de construção e a ficha caiu.
Michael morreu em um atentado a bomba do IRA, no começo dos anos 1980, embora não estivesse de uniforme na ocasião. A irmã dele ia se casar e os pais insistiram que ele tirasse folga para ir ao casamento. Estava a voltando para casa quando a bomba estourou. Ele não teve a menor chance.

Seus pais se tornaram espíritas e receberam várias mensagens dele desde então, mas seu pai ainda estava devastado de dor e queria ter mais evidências. Ele estava muito agitado, convencido de que, ao pedir a Michael que tirasse folga naquela época, tinha se tornado responsável por iniciar aquela sequência de ações.

O que ele precisava entender era onde aquela sequência de eventos começara, com os terroristas, que tomaram a decisão de fazer a bomba e colocá-la na rua. Quer isso tenha levado seis meses, um ou dois anos para ocorrer, o processo tinha começado, e as pessoas que estivessem andando por aquela rua já estavam inseridas em uma sequência de eventos que as faria estar em determinado lugar, em determinada hora. O casamento da irmã de Michael e pedido do pai não tinham nada que ver com isso.

Eu fazia sessões através de um intérprete na casa de um amigo, na Itália, no fim de 2001, quando um casal de meia idade apareceu na sala. Não era necessário estar em contato com nenhum espírito para perceber que eles tinham sofrido uma grande perda. Eles eram como duas conchas vazias. Expliquei através de meu intérprete o que aconteceria e então nos sentamos e começamos.

— Eu tenho uma linda jovem aqui comigo — eu disse, e lhes falei o nome dela, observando enquanto trocavam olhares e depois relaxavam com a surpresa, como se eles esperassem notícias dela, mas não ousassem acreditar que isso se tornaria realidade. — Ela diz que está com seus avós e que está feliz e em segurança.

Ela também deu provas de que estava a par das coisas que eles fizeram para mudar a casa e onde tinham colocado as fotos dela. Isso era bem normal para uma mensagem, mas então ela começou a contar o que acontecera, através de mim.

Ela estava correndo no meio de uma multidão, tentando chegar a um lugar seguro, sentindo muito medo e pânico em volta, então tudo ficou escuro, mas eu podia sentir que ela ainda estava correndo, depois ela correu para fora da escuridão, para dentro da luz. Eu vi a Estátua da Liberdade e os arranha-céus de Manhattan, e me dei conta que de ela devia ter morrido no 11 de setembro, no World Trade Center. Ela me deixou com a sensação de ter passado da escuridão para a luz, e quando seus pais confirmaram que ela realmente tinha sido uma das poucas vítimas italianas do 11 de setembro, eu fiz o melhor que pude para dar a eles uma sensação de que agora ela estava em um espaço grande e aberto. Ela não se lembrava de nada do momento de sua morte.

Certa vez, recebendo uma mensagem de Chi, aprendi que quando um corpo físico é muito destruído, a parte etérea, a alma, não sente dor, e isso foi exatamente a sensação que tive dessa jovem em espírito: ela tinha passado tão rápido de um estado para o outro que não sabia que tinha perdido o corpo.

Seus pais estavam aliviados de saber que ela não estava sofrendo e que ainda estava com eles — estavam obcecados com a ideia de que seu espírito ainda estivesse preso nos Estados Unidos, muito longe deles.

— Eu estou com minha amiga — ela contou a eles, dando o nome da menina com quem viajara.

Eu soube depois que após a morte das duas meninas, os pais de ambas se uniram no luto. Os pais que estavam na minha frente estavam quase tão felizes de saber novidades da amiga da filha quanto dela mesma, tão forte eram os laços entre eles. Eles prometeram dar a gravação da sessão para os amigos.

Eles me contaram que a filha deles tinha visitado as Torres Gêmeas como turista, e que ela e a amiga iam até lá no dia 10 de setembro, mas mudaram de planos. O destino pode agir desse modo — um dia você toma uma decisão e não percebe que ela tirará sua vida. Quão inócuo seria dizer no dia 10 de setembro de 2001: 'Vamos trocar e visitar o World Trade Center amanhã?'

Nós conseguimos amarrar os eventos que levaram alguém a morrer em um acidente, ou ser morto por outra pessoa, e ver como tudo parece inevitável, mas você tem que saber onde a ação começou, caso contrário você complicará algo que é bem simples. Essa menina e Michael morreram por causa de planos feitos por terroristas, não porque eles escolheram certo dia para ir a um determinado lugar.

Minha própria família passou por uma tragédia que me mostrou as muitas escolhas que um indivíduo pode fazer no caminho de seu destino e quão indefesos eles são quando tomam essas decisões. Minha tia Frances foi visitar uma de suas irmãs e elas discutiram. Frances saiu feito furacão, levando seu casaco ao sair. Quando chegou ao seu apartamento, ela procurou a chave nos bolsos e na bolsa, então percebeu que pegara o casaco da irmã por engano — elas tinham comprado dois idênticos. Ela tentou ligar para o irmão, para que viesse ajudá-la a entrar em casa, mas o telefone dele não estava funcionando naquela noite. Ela começou a andar em direção a casa dele, quando um táxi parou e ofereceu-se para levá-la. Aquele motorista de táxi a estuprou e matou, seu corpo foi achado logo depois, jogado em um bairro afastado. Uma simples ação, pegar o casaco certo, teria mantido minha tia a salvo em casa naquela noite. Como teria de ser, tanto a família dela quanto a do assassino, quando foi pego, tiveram seus mundos virados de cabeça para baixo e mergulhados na escuridão.

Quando você vai para além da perda e tenta ampliar a lógica cármica, a coisa fica mais complicada. A irmã deve ter ficado cheia de culpa por ter discutido com ela, ou seu irmão por não ter consertado o telefone naquele dia, mas como qualquer um deles poderia saber que aquele motorista estaria na rua naquela noite? E se ela tivesse pegado outro táxi?

Havia tantas possibilidades naquele cenário, mas eu creio que alguma coisa começou e a levou até aquele homem, e isso para mim é ciclo cármico. Quando você tem um elo como esse, você o segue até o final. Tenho certeza de que houve um momento no qual ela estava prestes a sair da casa da irmã, em que ela pensou: 'Não, eu não quero fazer isso'; mas quando é seu destino, você é apenas levado, e então ela foi.

Mas como explicar as histórias de pessoas que parecem ter sido arrancadas de um final terrível no último minuto? Isso é 'enganar o destino'?

Eu fazia um curso de mediunidade quando surgiu esse assunto. Nessas situações, em geral, as pessoas apresentam suas próprias experiências, mas eu não estava preparado para a história que uma das mulheres presentes contou para nós.

Ela e seu marido viviam em Londres e costumavam viajar a trabalho juntos, no trem sob o Canal da Mancha. Todos os dias eles andavam até a estação, pegavam a escada rolante andavam pela plataforma para pegar o trem. Um dia, eles chegaram na escada rolante e seu marido parou de repente e disse:

— Eu preciso comprar cigarros.

— Por que comprar agora? — ela perguntou. —Você não pode comprar na hora do seu almoço?

— Eu não posso, não tem loja perto do escritório.

Ela estava realmente incomodada.

— Nós vamos perder o trem e chegar atrasados ao trabalho!

Mas ele foi insistente:

— Se eu não pegar um maço agora, não vou conseguir depois.

Furiosa, ela ficou lá parada batendo o pé enquanto ele saiu e foi para a fila da banca.

Era dia 7 de julho de 2005 e enquanto ele estava na fila, esperando pelo seu pacote, um homem-bomba detonou os explosivos em sua mochila dentro do trem que iriam pegar — o trem que eles sempre pegavam.

Você poderia dizer que aqueles cigarros salvaram a vida deles, mas é mais provável que não fosse a hora deles irem. Ele pode ter pensado que foi desviado da escada rolante pela necessidade de nicotina, mas a força dos destinos deles era mais insistente do que o desejo por nicotina. Na hora, é claro, eles nem estavam cientes de que isso era um tipo de premonição: tudo o que ele sabia era que realmente tinha de comprar aquele maço de cigarros!

Quantas pessoas têm esse lampejo de aviso? O que é certo é que se não é a sua hora de ir, qualquer que seja o modo que esse aviso aconteça, não existe possibilidade de você ignorá-lo.

Eu estava dando uma demonstração de mediunidade em Gales, e uma das mensagens que vieram por mim era para uma mulher que parecia, à primeira vista, ser muito velha.

— Esta é uma mensagem de uma menininha que foi para escola um dia e não voltou — eu disse —, e eu acredito que isso tenha acontecido há muito tempo. Ela é uma menina pequenina, feliz e está com as amigas dela — então eu dei os nomes —, e quer que você pare de se culpar, porque é horrível para ela vê-la sofrer.

A senhora na plateia não disse nada, mas eu pude vê-la tremendo e chorando. Sua filha só queria chegar a ela para iluminar sua mente, mas como ela obviamente não conseguia aceitar isso, eu parei a sessão e disse-lhe que seria melhor se falássemos em particular depois.

Quando a apresentação acabou, eu a vi esperando por mim, uma mulher pequenina e frágil, embora agora, mais perto, eu pudesse ver que seus olhos eram mais jovens do que pensara — algo a tinha atingido fisicamente. Nós fomos para uma sala reservada e a coloquei sentada para continuar com a sessão. Ela disse:

— Minha filha morreu em Aberfan.

Em 21 de outubro de 1966, a menininha estava em sua classe na escola, nessa vila em Gales, quando uma montanha de restos de carvão desmoronou em uma avalanche, tomando metade da escola. No dia, 144 pessoas morreram, 116 delas eram crianças entre sete e nove anos. As mães correram para o prédio enterrado e cavaram freneticamente as pedras pretas com as próprias mãos, procurando por seus filhos. Elas não pararam nem quando não havia mais pele em suas mãos.

— Ela tinha dito que não estava se sentindo bem naquele dia — a mulher me disse —, mas eu tinha de trabalhar, então a fiz ir para a escola.

Esse era o fardo que essa mulher carregava havia décadas — ela achava que deveria ter ouvido sua filhinha. Ela sentia que tinha perdido a oportunidade que lhe fora dada de salvar sua filha daquele horror.

Era difícil explicar que ela não matara sua filha. Mas de modo geral, o desastre já tinha começado e todas aquelas crianças estavam em uma sequência de eventos que as levaria até aquela sexta-feira. A mãe da menina não começou o desastre de Aberfan por mandar a filha para a escola — ela apenas fez uma escolha cotidiana que toda mãe tem que fazer. Ela poderia ter tomado a mesma decisão e naquele dia a montanha de resíduos poderia não ter se desestabilizado. Michael poderia não ter conseguido folga para o casamento da irmã. A mulher italiana poderia ter decidido que o clima não estava propício para uma visita ao World Trade Center.

Talvez todo mundo tenha vários 'finais' em potencial, como Dronma acredita. Você chega a uma encruzilhada e escolhe um dos caminhos. Um pouco depois, há uma nova escolha. Você poderia terminar com uma sensação melancólica, perguntando-se o que teria acontecido se tivesse escolhido o outro caminho. Nesses momentos, mais do que depressa você deve dizer:

— É como deveria ser.

Algo maior o está guiando por aí. E é só isso o que você precisa saber.

15

SEGREDOS E CARMA

As sessões mais difíceis são aquelas nas quais a pessoa que vem me ver carrega consigo não apenas um fardo de luto, mas também de raiva.

Quando Anne Marie veio me ver, sua fúria era quase palpável. O homem que apareceu como espírito para ela era seu marido, e o processo me deixou mentalmente exausto e com o peito apertado. Quando perguntei a Anne Marie se seu marido morrera de ataque cardíaco, ela disse que sim. Percebi que ele era jovem, tinha quase quarenta anos, mas o cansaço que senti era suficiente para derrubar qualquer homem.

Enquanto eu lutava para conseguir uma mensagem clara dele, Anne Marie começou a me fazer perguntas.

— Ele sabe que eu sei? — ela perguntou.

Eu pude afirmar a ela que, naturalmente, agora ele sabia e que me pareceu que ele sentia muito, mas ela estava tão furiosa que eu entendi que nada muito significativo seria absorvido por ela naquele momento. Quando as pessoas estão envolvidas com grandes emoções, como raiva, elas não são receptivas às mensagens de espíritos, então todo aquele processo me parecia inútil. A sessão tornou-se mais uma consulta de aconselhamento do que uma visita animadora da pessoa amada.

Ela me contou sobre seu marido. Perto do fim da vida dele, eles tiveram problemas no casamento e ele trabalhava cada vez mais. Sendo motorista de caminhão, ele passava longos períodos longe dela e dos filhos; notando como ele andava estressado, ela tentou lhe dizer para não trabalhar tanto. Eles discutiram tanto que ela implorou para fazer terapia de casal, o que o deixou furioso. Quando ele teve um ataque e morreu, ela ficou devastada, mas logo depois teve um outro choque.

Depois do enterro, uma mulher ligou para a casa dela e, meio sem jeito, contou que ela tinha uma casa e uma criança de três anos com o marido dela. Ela morava em Yorkshire, onde havia outro armazém de caminhões da companhia. Seus últimos meses com ele também foram devastadores por causa de brigas que surgiam do nada e pelo comportamento furtivo dele. Quando ele não voltou para casa, ela ligou para o armazém e seus colegas de trabalho contaram que ele morrera na Escócia, e contaram também sobre Anne Marie. Ela sabia que ele era casado, mas ele disse que o casamento estava acabado.

Agora as duas mulheres olhavam como ele se comportara no passado — o excesso de trabalho, as desculpas, as incongruências — e tudo se encaixava. Elas não só tiveram de passar por privações e criar os filhos sozinhas, mas foram traídas pela pessoa em quem elas deveriam ter a maior confiança, e não poderiam perguntar-lhe por que fizera aquilo. As melhores lembranças foram ofuscadas por saberem que ele mentiu para elas.

Quando veio fazer a sessão comigo, Anne Marie não estava nem perto de conseguir perdoar o homem que havia deixado um legado devastador. O segredo dele havia arruinado as vidas das duas mulheres, e os três filhos deles também seriam afetados.

Muitas pessoas levam seus segredos para o túmulo. Eu tive de intermediar confissões da outra vida em várias ocasiões, o que confirma que os espíritos que morreram não conseguem crescer e se tornar mais iluminados quando ainda estão com o fardo de seus segredos.

Quando passamos para o outro lado, vemos as nossas vidas de uma perspectiva muito mais ampla, com todas as nossas decisões tomadas e suas consequências claras, e temos de carregar tudo isso conosco. Aqueles que já são espíritos sempre têm ajuda, mas para quem fica pode ser difícil entender e perdoar.

Uma das minhas clientes do salão, uma mulher chamada Lisa, perguntou se eu faria uma sessão para seu pai.

— Estou muito preocupada com ele — ela me disse. — Ele está tão agressivo agora... Ele é extremamente grosso com a minha mãe quando ela tenta falar com ele. Ele vai para o trabalho todo dia com um humor horroroso e não está melhor quando volta para casa à noite. Minha irmã não gosta mais de ir visitá-lo e os filhos dela estão com muito medo dele. Ele é avô deles, mas é como se ele estivesse se tornando outro homem. Ele nunca foi assim. Você poderia fazer uma sessão ou uma cura com ele? Ele precisa de *alguma coisa*, mesmo que seja só uma conversa para tentar fazê-lo dizer qual é o problema. Ele está se afastando de todos nós, mas talvez ele fale com alguém de fora da família.

Como eu conhecia o pai dela e ele era um tipo bem machão, não aquele que iria a um médium, tive de perguntar a Lisa se ela achava que ele viria me ver voluntariamente. Eu duvidava. Eu cortava seu cabelo e tinha começado a ficar cauteloso com ele no ano passado, mesmo antes da família notar a mudança nele. Eu podia sentir toda aquela raiva fluindo através dele.

— Eu me encontro com ele quando ele quiser — eu disse a ela. — É só me avisar.

— Nós não vamos falar nada e nem criticá-lo por umas duas semanas — ela disse —, e então vamos tentar convencê-lo.

Eu achei que ela estava sendo otimista, mas ela tinha de ser — o pai que ela amava estava se afastando da família sem uma palavra de explicação. Seu comportamento ruim só piorava — um dia ele agarrou a mãe dela e a chacoalhou, o que a fez chorar muitíssimo e se perguntar seriamente sobre o que estava acontecendo com o homem que ela conhecia por toda uma vida e amava tanto, havia tantos anos.

As duas semanas passaram e eu soube da terrível notícia — o pai de Lisa tinha se enforcado.

Quando sua família tentou entender o que aconteceu, foram contatados pelo contador da empresa, que lhes disse que o negócio estava indo mal fazia mais de um ano, e que o pai de Lisa ficara cada vez mais imprevisível esse tempo todo. Quando saiu de casa naquela manhã, ele não havia ido para o escritório, mas para o apostador, a fim de tentar ganhar dinheiro suficiente para pagar suas dívidas. Ele também foi a um agiota para tentar reerguer a firma, desesperado para continuar sustentando sua família. Ele não disse uma palavra a sua mulher ou aos seus filhos e o segredo ficou monstruoso.

Eu fiz uma sessão para a família alguns meses depois que ele se matou, mas foi um esforço tremendo. Ele era uma alma muito pesada, que mal conseguia se comunicar ou dar demonstrações de que era ele mesmo para seus entes queridos. Sua mulher sentou ali corajosamente e aceitou que ainda não era hora de ele esclarecer as coisas com ela, mas eu sabia que ela e sua filha ficaram mais deprimidas do que animadas pelo pouco que conseguimos. Eu tive de prometer que faria outra sessão.

— Você vai saber quando — eu disse. — Algo vai mudar e você vai sentir. Ou ainda, se eu for informado, chamo você imediatamente.

Era difícil mandar amigos embora, mas eu não podia dar mais nada a eles.

Pouco mais de um ano depois, eu vi Lisa novamente.

— Minha mãe ainda quer uma sessão — ela insistiu. — Eu acho que está na hora.

Então, elas me procuraram no salão no final do dia e eu me voltei para os espíritos de novo.

Dessa vez a diferença era palpável. Meu espírito guia, Chi, apareceu, como ele sempre faz quando acontece alguma falha de comunicação e uma mensagem tem que chegar a alguém. Ele ajudou o pai de Lisa a me dar impressões.

Eu me senti mais leve quando o percebi junto de nós e aquela energia foi sentida pela esposa e filhos no mesmo instante. Ele contou à sua família que havia se matado porque a pressão tinha ficado muito grande, os agiotas estavam ameaçando as pessoas que amava e ele não aguentava mais.

Ele tinha algo de bom para falar. Ele disse a sua esposa que sabia que ela estava comprando uma casa nova, o que ela confirmou, já que eu não sabia disso, e que ela estava virando uma página da vida, indo em direção a algo melhor. No final das contas, depois do suicídio sua família tinha ficado confusa, então a verdade apareceu e eles se deram conta da pressão que ele estava sofrendo. Isso os fez entender um pouco melhor tudo pelo que ele havia passado, e o processo de cura havia começado em seus corações. Ele ficou grato por isso. Estava certo que isso o havia ajudado a limpar uma parte de suas dívidas emocionais que o estavam afundando do outro lado.

Os pais dele e outros parentes também se fizeram presentes naquela sessão, por meu intermédio, e mandaram mensagens para que a viúva dele soubesse que eles o estavam ajudando. O marido ainda disse que sabia o que tinha feito com sua família e era quase como se ele tivesse de ir para o mundo espiritual para pagar suas dívidas.

Às vezes, não há chance de explicar o segredo antes de alguém morrer. Eu acabara de conceder uma entrevista no rádio, em São Francisco, quando a apresentadora me perguntou se eu poderia me encontrar com uma pessoa que ela conhecia. Ela queria me encontrar porque estava desesperada atrás de algumas respostas.

No dia seguinte, uma senhora de uns 50 anos, chamada Maria, veio me ver no hotel. Quase imediatamente, senti a presença de uma mãe chegando até mim em espírito, o que não era incomum, mas ao contar a Maria que eu achei que sua mãe tinha morrido de câncer de estômago porque eu podia sentir uma tensão e uma dor em meu próprio estômago, ficou claro para mim que não era apenas a doença — o espírito estava tão ansioso que acabara ficando cheio de amarras.

Maria tinha se retesado toda quando eu mencionei sua mãe e eu me perguntei se era a tensão dela que estava surtindo esse efeito em mim. Ela disse que não, ela estava nervosa, mas não ansiosa. Devia ser o espírito da mulher, eu percebi. Parei o que fazia e vibrei a seguinte mensagem para o espírito:

—Vamos lá, encare isso. Por que está tão preocupada? Esta é sua filha, não é?

Chi juntou-se a nós então, para servir de intermediário, e a comunicação, que estava fragmentada e difícil, começou a fluir.

A mãe deu nomes, datas e o nome de uma cidade perto de Boston. Nada parecia servir ou encaixar-se em Maria, já que eu havia pensado que ela era da costa oeste, mas eu disse a ela para pegar o bloco de recados do hotel de cima da mesa e começar a anotar coisas, porque sabia que era importante. Uma urgência real era tirar a ansiedade do espírito, porque se refletia em Maria, que estava acenando que sim cada vez que uma nova evidência era dada pelo espírito, claramente deliciada.

— Sinto muito por nunca termos nos conhecido. — Esta foi a mensagem que chegou até mim e o pensamento que se seguiu em mim foi:

— Eu sei que você estava procurando por mim.

Sua filha sorriu e concordou de novo.

Acontece que a mãe de Maria, Jenny, tinha apenas 17 anos quando ficou grávida de um rapaz que ela mal conhecia. Sua família era de presbiterianos radicais que ficaram horrorizados e a despacharam para a casa de parentes na cidade que ela havia citado perto de Boston, para que os vizinhos não soubessem o que tinha acontecido. Eles impuseram a condição de que ela desse o bebê à adoção para uma família pré-aprovada por eles mesmos e, quando a adoção se efetivou, mandaram que ela voltasse para casa para terminar a escola. Ela se tornou uma professora de ensino fundamental, em parte, eu senti, porque queria compensar o fato de ter aberto mão de sua filha tão facilmente cuidando de crianças.

Cinquenta anos depois, quando estava morrendo de câncer de estômago, ela recebeu um recado de uma agência dizendo que sua filhinha, agora adulta, queria contatá-la. Ela estava assustada, sem saber como sua filha reagiria a ela, mas estava desesperada para vê-la, então concordou, mas infelizmente faleceu antes que Maria pudesse vê-la.

Ela deixou um monte de papéis e diários para que Maria pudesse pesquisar e tentar entender quem era sua mãe biológica e por que tinha aberto mão dela, mas quando Maria leu tudo, descobriu que Jenny nunca falou dela — ela não tinha revelado seus sentimentos nem mesmo para um diário íntimo. Ela ficou muito chateada. Como podia a mulher que a tinha carregado e dado à luz tê-la apagado de sua vida? Ter perdido sua mãe, depois achado, depois perdido de novo para o câncer, e ter pensado que a conheceria pelos diários fez parecer que a perdeu pela terceira vez.

Durante a sessão, Jenny não apenas deu provas do começo de sua vida, ela também tentou se justificar. Era uma confissão que veio através de mim e de Chi com uma tremenda carga de energia nervosa — não era só isso que Jenny queria explicar para sua filha desde o momento que a agência a tinha contatado, ela quis fazer isso por 50 anos, e ainda assim enterrou essa parte de sua história tão profundamente que tinha quase conseguido fechar sua mente para isso. Maria chorou quando Jenny disse que todas as vezes que estivera triste ou doente, não tivera a energia para manter o segredo enterrado e acordara banhada em lágrimas, lembrando-se de como tinha sido segurar seu bebezinho, e se perguntando onde estaria sua menininha e como era sua vida.

— Eu passei minha vida toda guardando toda essa horrível sensação — ela disse. — Nunca me deixou. Eu nunca escrevi sobre isso, mas nunca esqueci.

O momento mais bonito, o momento que mudou todo o clima da sessão foi quando ela me disse que a mãe adotiva de Maria, também chamada Jenny, estava lá com ela também, ajudando-a a clarear seu espírito. Aquilo realmente tocou Maria.

— Isso é exatamente o que minha mãe adotiva faria — ela disse.

Eu tentei trazer todo aquele tremendo calor maternal que estava recebendo de Jenny. As duas mães tinham uma ligação espiritual através da filha delas e seus caminhos se cruzaram do outro lado. Agora as duas estavam se ligando novamente à filha.

Jenny tinha sido forçada por seus pais a ficar em silêncio e a negar parte de si mesma como punição por ter feito algo que eles decidiram que era imoral. Eles a controlaram por muito tempo depois de ela ter se tornado adulta. Pessoas ameaçadoras, que impõem um segredo desta forma forçam suas vítimas a se tornarem cúmplices de suas decisões e depois as isolam. Isso é controle mental. Se o segredo é revelado, aquele que bate na mulher perde o poder, tornando-se, aos olhos da sociedade, 'aquele covarde' que bate em mulher, 'aquele horrível' pai ou 'aquele pervertido' que ameaça crianças. Seu nojento mundo paralelo secreto se desmantela e a vítima pode se libertar. Eu vi pessoas se libertarem contando suas histórias; esse é o começo do caminho da recuperação — você as vê mais leves quando as compartilham. Algumas vezes, apenas o ato de dizer algo em voz alta já é suficiente para a vítima perceber pela primeira vez toda a extensão do que aconteceu com ela e para entender que não foi culpa dela.

Às vezes, pode parecer que desvendar um segredo trará mais problemas do que soluções, mas no fim descobre-se que isso não é verdade.

Uma colega médium chamada Jane veio me ver, querendo falar com o espírito de seu pai. Assim que ela chegou, deixei claro para ela que eu sentia que algo negativo e horrível estava perto dela, como se ela estivesse envolta por alguma coisa, e ela concordou, balançando a cabeça e levantando as mãos sem saber o que fazer. Ela disse que tentou fazer a coisa certa e ser honesta, mas agora ela estava sendo atacada por isso. Ela estava começando a perder a fé em sua mediunidade e estava duvidando de seu julgamento.

Ela tinha sido estuprada pelo irmão de seu pai e, sozinha e com medo, carregou esse segredo por décadas, pensando que seus pais não acreditariam nela se ela lhes contasse. Quem pensaria que seu tio, a quem seu pai amava, faria algo assim com a filha dele? Ela tentou do seu próprio jeito superar o que tinha acontecido, embora isso a fizesse sentir-se afastada de seus pais. Como ela poderia ficar próxima deles se eles não sabiam sobre o tormento pelo qual havia passado? Era como se eles conhecessem apenas metade dela.

No final, quando seu pai estava muito doente no hospital, ela desistiu de continuar escondendo algo tão grande e, por isso, contou a ele. Foi devastador para os seus pais saber que eles foram incapazes de proteger sua filha, mas eles não ficaram bravos com ela por ter mantido isso em segredo. O tio tinha ido morar em outro país havia muito tempo e perdeu contato com eles, algo que, na ocasião, eles não entenderam e acharam muito doloroso, mas que agora entendiam.

Foi o próprio irmão de Jane que não conseguiu lidar com isso e se voltou contra ela. Ele estava furioso que ela tivesse, como ele falou, 'jogado esse fardo' nas costas de seus pais. Começou a gritar com ela e xingá-la em pleno hospital, tendo até que ser retirado do quarto de seu pai. Ele foi tão agressivo verbalmente com sua irmã que aquilo quase virou uma briga, com ele se segurando para não estrangulá-la.

— Por que — ele desabafou — ela não guardou isso para si mesma? Por que ela tinha que arruinar a vida de seus pais?

Ele estava tão consumido pela raiva que quando seu pai morreu, pouco tempo depois, seu comportamento causou um dano enorme à família. No enterro, teve de ser contido de novo, pois estava xingando sua irmã, e sua mãe ficou entre seus dois filhos quando todos deveriam estar juntos para dar apoio uns aos outros durante o luto.

Minha sessão com Jane acabou sendo mais uma conversa e um aconselhamento, pois eu pude ver que ela não era a pessoa que seu pai precisava alcançar, muito embora ela tenha deixado escapar que estava pensando em se matar por causa do irmão. Seu irmão havia pego algo que era terrível e impensável — o abuso pelo qual ela tinha passado — e envenenado ainda mais.

Duas semanas depois, falei com ela e ela se desmanchou em lágrimas, dessa vez por puro alívio. Seu irmão, que também era espírita, recebera uma mensagem de seu pai durante uma sessão em um centro. O velho homem veio e o enquadrou direitinho.

—Você tem que pedir perdão à sua irmã. Você a está maltratando e está matando sua mãe — ele disse, pelo médium. — Eu vi você no meu enterro, vi a forma como você se comportou e, se eu pudesse, teria chutado seu traseiro pelo que fez! Agora, você perdoe sua irmã e ajude sua mãe.

Mortificado, o homem chorou. Cada palavra que ele tinha atirado em Jane voltara à sua mente, e então ele viu o quanto a tinha ferido e entendeu quão terrível deve ter sido para ela ter guardado esse segredo.

Felizmente, quando ele foi se desculpar, ela foi capaz de perdoá-lo e, junto com a mãe, conseguiram unir a família novamente.

Nós não temos de esperar até o fim da vida para limpar nossos segredos e medos. Podemos agir agora para impedi-los de ficar entre nós e as pessoas que mais amamos. Somos todos indivíduos, mas não fomos feitos para ficar isolados. Procuramos por ligações na vida. Manter aquele tipo de segredo que significa ficar isolado, que necessita que você construa uma cerca em volta de si mesmo fará que, no final, você não consiga enxergar mais nada.

Se você retirar a barreira, sua vida pode se abrir imediatamente. Você não pode verdadeiramente dedicar-se a algo quando está gastando tanto de sua energia com o medo de ter seu segredo revelado. Pense em todas as pessoas tristes e assustadas que poderiam mudar suas vidas e sair da escuridão deste mundo ou de suas próprias vidas, apenas se abrindo e revelando seus segredos.

Eu imagino em uma menina que conheço, que ficou doente por anos, debilitada por ataques de pânico e se punindo com bulimia. Sua mãe se consumiu de preocupação, pensando que ela estava morrendo ou tinha uma doença mental grave. Um dia, sua filha finalmente não conseguiu mais guardar o segredo e confessou que era homossexual. Sua mãe não teve problemas com isso, mas a jovem tinha se convencido que era errado e tinha guardado o fato para si, o que lhe tinha feito muito mal. Ela tinha afastado grande parte de sua vida da sua família, convencida de que eles iriam desprezá-la se soubessem, quando de fato eles passavam a noite em claro preocupados com sua saúde.

Eu não sei quantas sessões eu fiz com pais e mães sentados à minha frente, querendo alcançar um filho que se matou porque era homossexual e imaginou que ninguém entenderia. Eles são deixados com esse pensamento paralisante e pesado que os afunda:

— Se eu tivesse sabido...

O segredo que seu filho guardou significou que ele só podia imaginar o desapontamento e o pavor deles, quando na verdade havia muito amor e aceitação esperando por ele.

Passei por algo similar na minha adolescência e juventude. Achei que podia fugir tanto do segredo de ter sido estuprado, quanto da consciência de que era homossexual. Fiquei morrendo de medo do que as pessoas diriam para mim se soubessem. Eu ficava com um monte de rapazes no bar, falando de futebol e mulheres, mesmo estando entediado até a alma. Eu sabia muito claramente que iria viver uma vida homossexual, mas, ainda assim, eu me casei, pois me apaixonei por Kate e porque estava apavorado.

Toda vez que eu via um amigo ou membro da família, eu tinha um pensamento similar passando pela minha cabeça sobre como eles me odiariam se soubessem como eu realmente era. Desprezei todas as 'opiniões' sem nunca saber o que eles pensavam de verdade. Eu me sentia uma pessoa diferente daquela que eles conheciam. Era daí que vinha o medo de que algo terrível acontecesse de repente à minha família. Isso atropelou outras áreas da minha vida — quando fomos de férias para a Disneylândia, eu achava que o avião iria cair, e quando nós pousamos em segurança, é claro, eu achava que as crianças iam ser mortas nos brinquedos enquanto eu estava ali parado olhando. Decisões de negócios eram praticamente impossíveis para mim porque eu não confiava no meu próprio julgamento — se eu era, ao mesmo tempo, um homossexual e um homem comprometido com a esposa, como eu poderia saber quem eu era ou o que pensava realmente? Para todo pensamento que eu tinha, havia outro para contradizê-lo. Eu achava que a homossexualidade estava me consumindo, mas não: era o segredo que acabava comigo.

Boa parte da minha vida — 11 anos — foi dedicada ao casamento e a tentar 'superar' uma parte fundamental de mim mesmo, um esforço ridículo. Era como tentar mudar a cor da minha pele ou o jeito que o cabelo crescia na minha cabeça. Todo esse tempo, tive pequenos problemas de saúde preocupantes como dores de estômago e dores de cabeça terríveis, que eu acreditava serem enxaquecas, mas não eram. Eu não traí a Kate, nem tentei levar uma vida dupla, embora haja vários casamentos por aí nos quais um dos cônjuges sai escondido do outro. A culpa deles transforma o segredo em algo vergonhoso e embaraçoso, o que apenas aumenta a sensação de ser uma 'má pessoa'.

Finalmente, veio o momento em que eu percebi que eu não tinha feito nada errado e que no cerne de todos esses medos estava o simples fato de que eu não era heterossexual. Era só isso.

Você pode se sentar embaixo de uma nuvem de medo, sem perceber seu potencial, até morrer. Eu posso até imaginar como eu seria agora se não tivesse me assumido — um homem quarentão, ainda se preocupando se os filhos saíram para algum lugar, ainda pensando que havia algo extremamente errado com ele e que todos estavam apenas esperando para atacá-lo.

Você poderia passar a vida toda fugindo do seu eu verdadeiro, e assim se encontrar em um submundo escuro feito por você mesmo. Eu deveria saber — eu quase fiz isso. Mas quando você é sincero tanto consigo mesmo quanto com os outros, pode haver um instante de enorme alívio e depois uma visão clara das várias coisas que o estavam amarrando e retendo antes. Com a vantagem de que, ao olharmos a situação de fora, ficamos abismados com as coisas horríveis que havíamos projetado para nós e para nossas vidas e com a energia que gastamos e então imaginamos que, se não aconteceram antes, provavelmente não acontecerão mais. Talvez com isso, você possa tomar um novo caminho na vida, um que seja sincero com o seu eu verdadeiro.

No meu caso, meu pior medo se concretizou. Anos depois de ter me separado de Kate, quando já estava com Jim havia algum tempo, eu ainda não tinha falado para a maioria das pessoas que nós estávamos morando juntos. Meus filhos sabiam, bem como Kate, minhas irmãs e meus pais, mas Jim e eu tínhamos essa ideia hilária de que ninguém tinha notado que éramos um casal.

— Então, você e o Jim estão juntos? — um amigo perguntava.

Eu respondia:

— Oh, nããããããão.

E então é claro que Jim e eu saíamos das sessões espíritas juntos e íamos para casa no mesmo carro. Todos deviam estar morrendo de rir com isso. Mesmo a mãe de Jim, para quem ele não tinha contado que era homossexual, deixou algum dinheiro para mim em seu testamento. Toda vez que ele ia tomar chá com ela, ela dizia:

— Como vai o Gordon?

Ele olhava para baixo e resmungava:

— Ah, não o vejo há décadas.

Era muito óbvio para todos e ainda assim lá estávamos nós, nos escondendo.

Um dia, Kate me ligou e disse:

— Eu acabei de falar com uma pessoa do *News of the World*. Eles querem fazer um programa sobre você morando com o Jim.

Esse tipo de coisa era um pesadelo recorrente para mim. Imagine todo mundo sabendo de seu segredo pelo jornal! Com algumas fotos horríveis de você tentando esconder o rosto e então uma tremenda exposição de sua vida amorosa. Seus amigos nunca mais falariam com você.

Que situação ridícula arrumamos para nós mesmos. Em vez de falar a verdade, nós estávamos sendo excluídos e isso nunca teria acontecido se tivéssemos sido sinceros. Isso era uma loucura — era tudo autoinfligido. Nós tínhamos fingido não viver a vida que na verdade vivíamos, e olhe o que aconteceu. Era um verdadeiro tapa na cara cármico!

Eu me sentei e fiz uma prática que tinha aprendido em um curso anos antes, na qual você se pergunta qual é o seu medo e então vai em direção a ele. Então, eu telefonei para o *News of the World* e os convidei para virem entrevistar a mim e ao Jim em casa. Contaram um monte de mentiras para os jornalistas sobre a saga toda, então nós consertamos isso e posamos para fotos sorridentes. Enfrentar o medo de peito aberto acabou sendo o maior compromisso que poderíamos ter um com o outro. Ainda é.

Depois, telefonei para o meu pai, ainda tremendo de nervosismo e contei o que ele deveria esperar. Ele apenas disse:

— Antes de mais nada, filho, eu não leio o *News of the World*; segundo, seus filhos estão bem com isso tudo? Você deixou isso em ordem na cabecinha deles?

Eu contei a ele que meus dois filhos disseram que por eles estava tudo bem.

— Muito bem — ele continuou —, tem mais alguma coisa que precisa dizer?

— Não...

—Você é meu filho e eu amo você.

Foi o fim da conversa e foi perfeito.

Quando o artigo saiu, nós estávamos preparados para o telefone começar a tocar, mas o que aconteceu é que as pessoas nem se importaram! Elas apenas pensaram que nós fomos tolos por deixar isso ser uma fonte de preocupação. Essa foi uma grande lição — tanto medo pelo julgamento alheio e o que isso faria com minhas amizades, e a realidade é que não fazia a menor diferença para a maioria das pessoas. Há sempre um lado egoísta na maioria dos segredos, a fantasia que você é o centro das atenções e o objeto de fascinação de todo mundo e que o escândalo de uma revelação bombástica vai afastar todo mundo. O que acontece na realidade é que você poderá ter uma conversa de alguns segundos a respeito enquanto toma chá e depois o assunto vai mudar.

Cada vez mais eu odeio segredos. Eles geralmente significam encrenca. Você tem que iluminar essas sombras, não ser policiado pelo medo. Procure em sua mente e abra todas as portas. Pergunte a si mesmo: 'O que está me prendendo aqui?'. O que quer que seja, você tem que aceitar o mais rápido possível, não esconder embaixo de uma pedra ou isso vai esmagar você. Fale a respeito, seja verdadeiro, aceite isso como parte de você.

Esconder a verdade aumenta o carma ruim; leva você a trilhar um caminho difícil. Você não pode viver sua vida se não estiver aberto e livre. Se você é o que é, será mais feliz e mais condescendente com aqueles ao seu redor. Se você vai contra seus instintos naturais, se colocará em um inferno.

Minha filosofia é me abrir o máximo possível em todas as áreas de minha vida. Eu tentei ter segredos e é fisicamente extenuante, além de devastador para a mente. Isso abriu uma lacuna entre mim e meus entes queridos. Não era justo com eles. Ao se abrir, você se liga a todos e a tudo.

Eu sei quando alguém está tentando esconder algo. Conheço os sinais — e não tem nada que ver com o fato de eu ser vidente. Se você conhece alguém que está obviamente vivendo com um segredo, tente ser paciente e o deixe se abrir ao seu próprio tempo. Seja gentil. Você deve ser paciente consigo mesmo também. Pode levar a vida toda para se conhecer e encarar todos os segredos e medos. Talvez um incidente do seu passado de repente apareça em sua memória, fazendo-o prestar atenção em algo que tentou afastar porque não estava preparado para aguentar o que aquilo significava. Talvez alguém o tenha magoado, mas tenha chegado o momento de você perdoá-lo, sem ficar remoendo as consequências que a ação do outro teve sobre você ao longo dos anos. De repente, sua mente dá um "clique" e você consegue, enfim, montar o quebra-cabeça completo.

Revelar-se é trabalho para uma vida inteira, e algumas vezes é necessário um evento significativo na vida para que você perceba algo sobre si mesmo, o que foi que você veio fazer neste mundo, e entender melhor seu papel nele. Mas a ideia geral de carma é chegar a esse ponto, encontrar a verdade e ganhar entendimento.

16

Estamos aqui para aprender uma lição específica?

Em algum ponto, quando era espírito, antes de vir para esta vida, sua consciência escolheu o que aconteceria com você neste mundo. Geralmente, escolhemos coisas muito duras e sofrimentos — uma doença séria ou deficiência, uma morte prematura ou perda. Isso pode significar um coração partido ou a perda de alguém próximo a nós. E todas essas coisas acabarão sendo parte de algum evento histórico terrível ou outros tipos de ocorrências que demonstrem ter um desgaste emocional acima do normal para nós.

Nós perdemos a consciência desse plano quando chegamos neste mundo, junto com a nossa consciência de espírito, a qual temos de encontrar de novo durante a vida. Há uma razão para isso. Se aos 12 você lembrasse de que iria morrer violentamente aos 35, que tipo de existência teria? Se nós damos uma olhada no rascunho do que nos espera, seja por uma comunicação de um espírito ou outra forma qualquer, é para nos provar que há um plano maior aí, não para revelar toda nossa história de vida.

Mas por que você escolheria algo como ter uma doença séria? Por que você planejaria alguma coisa que deixaria seu marido de coração partido ou que deixasse sua mãe de luto?

Sempre me lembro de quando tentava acalmar uma mulher que tinha perdido o filho em um acidente de trabalho. Ela acreditava em predestinação, mas era difícil para ela aceitar a ideia de que seu filho havia escolhido morrer aos 28 anos e arrasá-la. Toda vida deve ter um fim e ele tivera 28 anos bem vividos antes disso. Mas o que ela poderia esperar como consolo por aquele um segundo no qual ele morreu?

A resposta está no potencial para a bondade que pode vir como resultado de um grande evento cármico como esse. É no pós-morte, não na morte em si, que as maiores lições são aprendidas e as maiores quantidades de escuridão são levadas embora.

Seja você a vítima direta ou quem sofre o dano colateral — como Sonia, que perdeu o filho —, suas experiências difíceis trazem com elas uma força. Você resgata seu carma ruim quando passa por todas essas coisas, luta e cresce. É por isso que nos damos essas oportunidades.

Mesmo um assassinato horroroso pode ajudar os que ficaram a entender o que não faz sentido. As pessoas que mais sofrem nesta vida não são vítimas de uma maldição, e nenhum ser superior as está forçando a isso, elas apenas são as pessoas mais corajosas espiritualmente entre nós, aquelas que levam um excesso de carma que iria sobrecarregar a maioria. Elas mostram para o resto de nós como enfrentar tudo isso. Essas experiências severas as tornam espiritualmente muito mais ricas que nós. Conheci pessoas que aceitaram terríveis perdas em suas vidas e perceberam que ainda assim tinham de viver. A perda tornou-se energia espiritual positiva porque elas sabiam que estavam sendo testadas ao limite e que ninguém na Terra poderia machucá-las de forma tão má novamente.

Como indivíduos, todos estamos em diferentes níveis de crescimento espiritual. Alguns vêm para este mundo para aprender as lições mais simples, outros para pegar uma quantidade desalentadora de carma. É desinteressado e corajoso atirar-se à batalha. E mesmo as vidas mais curtas podem nos ensinar muito sobre a vida e o viver.

Uma das mais difíceis reviravoltas do destino pode ser a perda de um filho durante a gestação ou no nascimento. A duração da vida é tão curta que parece não haver pistas de por que essa criança precisava vir para esta vida e logo ir embora. Qual era o propósito por trás disso? As pessoas sempre querem saber se aquele bebê estará ligado a elas, pois sentem que como nunca seguraram a criança viva, não tiveram tempo de estabelecer a conexão. Mas elas sentiram aquela criança dentro delas, ou sabiam disso e ninguém, a não ser elas, teve aquela experiência em particular. Você não precisa de ultrassom para saber disso.

Uma cabeleireira que eu conhecia certa vez me pediu para fazer uma sessão para uma amiga que tinha sofrido uma perda, e eu concordei sem saber o que esperar. Debbie era uma mulher bonita, com cachos louros e um rosto aberto e amigável. A mensagem que veio através de mim foi muito forte, porque em geral eu espero ouvir um espírito específico, mas em vez disso eu vi três querubins, dois meninos e uma menina em volta dela. Foi tudo que vi.

Aquele rosto amigável se dissolveu em lágrimas e Debbie disse:

— Eles são meus bebês, não são?

— O que você quer dizer? — eu perguntei.

Ela explicou que teve três abortos e, embora todos tivessem acontecido muito cedo na gestação, ela sentiu que dois eram meninos e a terceira era menina. Ela pensava neles como seus pequenos anjos e foi exatamente dessa forma que eles apareceram para mim, como esses doces seres míticos fazendo companhia a ela. O que eu vi e contei a ela tornou-se a perfeita combinação para mostrar que seus instintos estavam certos o tempo todo.

Com frequência eu digo às pessoas que os espíritos nos darão exatamente o que precisamos, seja uma cura, como Debbie precisava; ou receber conforto, pois estamos prestes a encarar uma provação terrível. Debbie tinha seus anjinhos e sabia que eles podiam vir até ela e não importando o que acontecesse, eles ainda estariam ligados a ela. O amor já tinha começado a formar o laço.

O próprio fato de você poder amar uma criança que não nasceu, ou uma criança que viveu apenas por pouco tempo, é em si algo forte e puro. Tudo o que esse bebê sentiu foi amor e ligação. Não teve de passar por nenhuma dificuldade desta existência e ainda assim ele mudou a vida dos pais para sempre.

A morte de uma criança se torna uma experiência que os pais têm de passar juntos ou separados. Eu conheço vários casais cujos relacionamentos foram fortalecidos pela vivência do luto. Pais em particular se encontram tendo que se abrir e crescer para que possam dar apoio às suas parceiras e se libertar do estereótipo de homem forte e calado, mas emocionalmente anestesiado.

Uma morte pode abrir uma grande reserva de força e conhecimento espiritual que são mais fortes do que o luto. É isso que muda vidas, comunidades e até mesmo o mundo.

Quando o filho de Margaret Mizen, Jimmy, foi brutalmente assassinado em uma padaria na região sudeste de Londres, em 2008, ela falou de perdão:

— As pessoas ficam dizendo: "Por que você não está brava?". Há tanta raiva neste mundo e foi raiva que matou meu filho. Se eu estou tomada pela raiva, então eu sou exatamente igual a esse homem. Nós temos de nos livrar dessa raiva, temos mesmo.

Você podia ver que ela estava desapontada e que ainda estava se recuperando do maior golpe que se pode imaginar, mas ela ficou firme e falou de duas vidas — de seu filho e do assassino dele. Ela tinha entendido a verdade essencial, que a espécie humana não é muito evoluída espiritualmente e que nós continuaremos causando dor uns aos outros até que acordemos e enxerguemos as consequências de nossos atos.

Essas mortes prematuras não são punições, são um sinal de que não estamos fazendo progressos nesta Terra e são também um esforço sobre-humano para remover a escuridão de nosso carma coletivo. Enquanto houver lições para serem aprendidas, essas coisas acontecerão.

Perdão é uma joia preciosa para o crescimento emocional e espiritual: perdão para nós mesmos e para os outros. Aprender a perdoar pelo bem da paz levará à paz, para todos os envolvidos. A vítima que pode perdoar verdadeiramente até o fundo de sua alma é muito mais poderosa do que qualquer força que já a tenha ameaçado.

Olhando o mundo atual, você pode ver exemplos de desenvolvimento espiritual e de modos pelos quais ficamos presos na ignorância e falta de compaixão. Faz apenas algumas décadas, por exemplo, que cidades inteiras dos Estados Unidos segregavam os negros dos brancos, mas agora é impensável que governos aprovassem tais leis. Mas você também poderia pegar qualquer guerra dessas que estão acontecendo agora e ver pessoas ameaçando outras pessoas como se fossem inferiores a animais.

Como indivíduo, você não pode mudar o carma do mundo sozinho, mas pode dar sua contribuição encontrando reservas de energia dentro de si e usando-as para construir uma compaixão que transforma você mesmo e os outros. Quando evoluímos, passamos por mais experiências e crescemos, escolhendo destinos mais difíceis, nos tornarmos mais conscientes, até chegarmos a um estado no qual nossa consciência humana estará muito próxima da espiritual.

As experiências de perda e sofrimento nesta vida nos forçam a perceber como uma ação ou uma morte pode trazer dor a outros — dor que experimentamos — até que nos achemos inaptos a receber raiva e ignorância com mais raiva e ignorância.

Toda vida é importante, longa ou curta, cheia de aventuras ou simples, e toda vida pode ser uma lição para os outros. Nós todos podemos dar grandes passos espirituais à frente. Podemos recolher carma bom mesmo nas menores ações em nossas vidas e isso contribuirá para o grande carma da raça humana.

17

CONSEGUIMOS SUPERAR UM TRAUMA NESTA EXISTÊNCIA?

Eu me lembro de uma irlandesa que veio me procurar para uma sessão. Ela estava na casa dos quarenta, era muito magra, olhos enormes e preocupados e altas maçãs do rosto. Seu cabelo estava firmemente puxado para trás. Senti a presença de um bebê, uma criança que ela havia perdido, e então contei a ela. Acrescentei que ela sempre tivera uma conexão com aquela criança e que eu tinha a impressão de que isso devia fazer que perdoasse a si mesma. Ela enxugou seus olhos e manteve os lábios cerrados. Quando a sessão acabou, ela conversou comigo e, devagar, contou sua história.

Ela fora casada com um homem violento e brigão, a quem tinha aprendido a odiar. Eles já tinham vários filhos quando ela descobriu que estava grávida novamente. Por estar apavorada com a reação de seu marido à notícia, providenciou uma ida à Inglaterra para fazer um aborto. Ela não quis trazer outra criança para aquela casa, pois estava com muito medo daquele homem e sabia que não poderia deixá-lo até que seus filhos estivessem crescidos. Então, ela mentiu e disse que estava indo visitar uma amiga em Londres.

Seu marido a dominava tanto que, quando ela voltou de sua viagem secreta, não foi capaz de lhe contar o que havia feito porque imaginou que ele a mataria. Sempre que tocava em um assunto parecido ela lhe dizia: 'Você está louco'. Ela não tivera coragem de contar a nenhuma de suas amigas também, com medo de que chegasse aos ouvidos de seu marido. E, claro, estava arrasada pela culpa. Ela imaginou que enviara o bebê ao purgatório, e quando tentou se convencer de que ele não tinha consciência e essa vida não havia começado, continuava ferida por ter perdido essa criança. Ela devia ter prosseguido com a gravidez, mesmo que seu marido a espancasse? Seria cruel tê-lo trazido a um mundo de tristezas, com aquele homem como pai?

Por anos ela continuou com aquela pedra no peito, torturando-se, sem nenhum apoio, afastando-se de todos ao seu redor. Então, quando seus filhos cresceram, ela finalmente deixou seu marido e se mudou para a Inglaterra, para começar uma vida nova.

Pela primeira vez, teve amigos em quem foi capaz de confiar. Eles tentaram tranquilizá-la, dizendo que havia agido da maneira certa, mas ela ainda continuava com aquela doença em sua alma e a convicção de que já estava no inferno. Mesmo com o mar da Irlanda entre seu marido e ela, tinha medo de que ele pudesse matá-la se soubesse. Com a ajuda de seus filhos e reconhecendo que estava tudo bem, ela encontrou alguma paz. Eu senti que ela sabia que estava em uma grande viagem e chegou à sessão para buscar aquele reconhecimento da criança que protegera de um homem abusivo. Ela também tinha de transpor a barreira com seus outros filhos, cuja infância fora tão difícil, em virtude da sombra de seu pai violento.

Eu imagino que a grande lição que ela havia escolhido antes de chegar à esta vida não era o sofrimento da perda de seu filho, mas a relação com seu marido. Podia estar evidente logo no começo do relacionamento que ele era um valentão, mas mesmo com medo ela tomou uma série de decisões para ficar com ele, culminando na decisão de fazer um aborto. E a resistência psicológica só foi aumentando durante o longo período em que permaneceram juntos. Mas, finalmente, ela parecia estar trabalhando duro para reparar os danos.

Ela me contou que, quando por fim o deixou, passou seis meses em um abrigo para mulheres a fim de se qualificar para sua casa própria. E lá ela teve a oportunidade de ver garotas jovens, ainda adolescentes, com bebês em no colo, que já tinham tido coragem de escapar de relacionamentos abusivos. Ela não conseguia acreditar na coragem delas e olhou para trás, para os vinte anos que perdera com seu marido, com ainda mais arrependimento.

Em termos de carma, ela acumulara mais do que aquelas garotas, mas eu sei que ela jamais se deixaria envolver na mesma situação novamente, nesta vida ou em uma existência futura. Seu marido precisava aprender também, mas suspeito de que ele não tenha o discernimento ou a humildade para ver que o que fez estava errado — seu espírito vai levar muito tempo para entender sua vida e suas atitudes.

Você poderia dizer que aquela mulher havia 'arruinado a sua vida'. Mas não conseguiria se furtar à verdade — ela acumulou aquele grande carma e tomou decisões erradas, e em seguida lutou para superá-las, quando descobriu que não era tão fraca como pensava. Eu a vejo como uma heroína e um exemplo para os outros.

Ocasionalmente, eu faço uma sessão para pessoas que tenham perdido alguém que amavam, que lhes tenha sido tirado de forma tão terrível, que eu me esforço para entender como qualquer um poderia recuperar-se e seguir em frente.

Quando encontrei Jackie Clarkson pela primeira vez, uma inglesa que vivia na África do Sul, eu estava comovido pela adorável e alegre mulher que ela era. Porém, quando a encontrei para uma sessão privada e em seguida soube o que acontecera, eu me enchi de admiração. Acho que você vai entender quando eu contar a história com as palavras dela:

Eu vi Gordon pela primeira vez no The Noeleen Show e pensei que se eu consultasse alguém sobre minha filha, esse alguém só poderia ser ele, porque soube que para ele eu conseguiria contar o que passei.
Quando meu marido soube que Gordon estava vindo para a África do Sul, reservou ingressos para que eu fosse vê-lo.
Havia muitas pessoas na plateia, mas em determinado momento, Gordon apontou para meu marido. Ele disse 'Você acende uma vela todas as noites', o que era verdade — meu marido acendia uma vela todas as noites desde que nossa filha morrera.
Não era minha filha que estava se comunicando através de Gordon, e sim o marido dela, Daryl, que agradeceu meu marido por seu gesto. Ele deu algumas outras evidências sobre sua paixão por carros esportivos (estava reparando um velho carro de colecionador para uma corrida no dia de sua morte).
Eu trabalho na British Airways e, no dia seguinte, estava no meu trabalho quando vi Gordon de relance no saguão de embarque e fui novamente falar com ele. Ele disse que providenciaria uma sessão privada para mim em sua próxima visita à África do sul.
Em sua viagem seguinte, eu e uma amiga, que também havia perdido uma filha, fomos vê-lo em seu hotel. Foi tudo muito informal. Ele sentou na cama e eu puxei uma cadeira. Eu não falei muito, mas ele pegou minha mão e a primeira coisa que disse foi 'Há um Romeu e Julieta aqui', e eu entendi que eram Melissa e Daryl.
Eu não conseguia acreditar em como estava calma durante a sessão.

Tive a impressão de que Gordon viu mais do que tinha me contado, e ele disse: 'Você está vivendo um verdadeiro inferno.'
Desta vez eram mensagens de Melissa. Ela disse que eu tinha um porta-retratos ao lado da minha cama e aquela manhã, antes de sair, eu o havia beijado. Acho que possivelmente Gordon viu como poderia estar sendo difícil, mas o tempo todo em que eu estava triste, alguma coisa aconteceu para me guiar na direção certa. Eu ainda tinha senso de humor e sabia que Melissa não gostaria que eu me entregasse. Sempre que eu pensava no que acontecera à ela, tinha um sentimento de calma sobre mim, e era como se Melissa estivesse me contando algo não importante.
Era justamente o que o que ela fazia quando estava viva — ela sempre me protegia, sempre cuidava de mim e eu acho que continua me encorajando. Pode soar estranho dizer isso, mas acho que tenho sorte, porque quando chegar minha hora de ir terei a ela para me receber.
Ela era uma linda garota. Parecia uma modelo. Ela tinha o que você pode chamar de uma alma antiga. As pessoas costumavam se surpreender pelo fato dela ser tão jovem que se preocupavam com ela, mas era por causa de seu comportamento, não porque ela parecesse mais velha. Ela nunca me dera um problema desde que havia nascido. Ela conheceu Daryl, que era alguns anos mais velho, e eles tiveram um lindo casamento, com uma carruagem puxada por cavalos que a trouxe até a capela, toda trabalhada. As pessoas vieram de todos os lugares do mundo para a cerimônia. Eles estavam casados havia apenas um ano quando morreram. O homem que comandava a gangue, Vincent, trabalhava para Daryl, e inclusive estivera no casamento. Eles chegaram até a casa de Melissa porque pensaram que Daryl tinha muito dinheiro no cofre. Melissa estava em casa porque seu novo cachorro fora castrado e ela cuidava dele.
Eles bateram em Daryl e fizeram Melissa refém, a amarraram nas cadeiras e quando viram que não havia nada para roubar, eles os obrigaram a ligar para os pais de Daryl, Frans e Gina, e convidá-los para

um churrasco ou algo assim. E então, claro que os atacaram também. Eles os mantiveram prisioneiros naquela casa das nove da manhã até as onze da noite. Todos conseguiram soltar as mãos porque a gangue havia começado a beber. Eu só fiquei sabendo muito tempo depois que eles os forçaram a beber café com veneno de rato. Melissa não bebeu o café e a polícia me contou que o haviam encontrado esparramado por toda parte, então, ela deve tê-lo jogado longe. Eu havia ligado para ela naquela mesma manhã, enquanto estava tudo acontecendo. Eu perguntei o que ela fazia e ela disse que fazia compras com Daryl, e eu perguntei 'Você está bem?' e ela disse 'Mamãe, estou bem'. Ela nunca havia me chamado de 'mamãe' ela só me chamava de 'mãe'. Quando a ligação caiu, eu pensei 'Ora bolas, ela não me quer lá'. Pensei que ela poderia estar tendo uma briga com seu marido e que eu não deveria ligar de novo, porque não queria ser uma sogra chata. Imagine o quanto me torturei por causa disso. Eles estavam com uma arma apontada para sua cabeça. Por que eles deixaram que ela atendesse ao telefone? Por que ela me protegeu? E onde encontrou forças?

Eu não soube por um tempo depois do que aconteceu, que eles haviam estuprado ambas, minha filha e a sogra dela, Gina. Tarde da noite, eles os levaram para passear no campo — e você pode imaginar que passeio eles tiveram.

Foi uma viagem de duas horas. E então eles atiraram em todos. Gina conseguiu se libertar e eles a chutaram para um barranco.

Meu marido e eu estávamos no aeroporto quando nos encontraram e ele apenas continuava dizendo 'Eles estavam todos juntos?' Pelo menos, eles tiveram isso.

A polícia capturou Vincent e os outros. Quando nós procuramos seus avós eles ficaram horrorizados. O procurador do distrito disse que nunca havia investigado um caso tão perverso. Ele ficou sinceramente arrasado. Vincent estava na prisão havia poucas semanas quando foi assassinado —

ele tinha 22 anos, apenas dois anos a menos que Melissa.
Eu gostaria de tê-lo visitado e perguntado por que ele havia feito isso. Se ele queria dinheiro por que não roubou um banco? Por que foi para a casa de alguém para roubar?
Eu também sinto muito intensamente que Melissa teve algum tipo de premonição do que estava para acontecer. Houvera um caso em que uma garota chamada Alison estava viajando até Port Elizabeth quando foi atacada e estuprada por dois rapazes. Eles cortaram sua garganta e abriram seu estômago, mas de alguma forma ela sobreviveu. E eu vi Melissa lendo um livro que ela escreveu sobre sua experiência chamado Eu estou viva, e me pareceu estranho ela estar tão tocada por aquele caso, já que não era uma grande fã de livros.
Eu ainda não sei metade do que aconteceu e está fazendo cinco anos agora. Levei um longo tempo até aceitar o fato de que Melissa não está mais aqui. Eu ainda acho que posso ouvi-la cruzar a porta.
Às vezes, eu me sinto melhor quando falo sobre isso; não quero que Melissa, Daryl, Frans e Gina sejam esquecidos, mas as pessoas não querem falar sobre eles, porque foi tudo tão horrível.
Eu gostaria de acreditar que quando ela passou por tudo aquilo, ela teve alguma força interior. Eu acho que ela é muito forte agora e tem nos ajudado de seu jeito sutil.
Dois dias depois da morte de minha filha, houve um momento em que senti que meu corpo todo estava quente, como se alguém estivesse me abraçando, de fato, fisicamente colocando seus braços ao meu redor, e eu nunca havia me sentido assim antes. Eu não sonhava muito com ela, mas quando acontecia nunca era um pesadelo. Em um sonho, ela estava rindo e feliz, usando um longo vestido de veludo azul, com seu longo cabelo cacheado solto.
Eu sei que todos amamos nossos filhos, mas ela era definitivamente a minha alma gêmea. Nós nos falávamos todo santo dia.
Você sabe como uma mãe cria seus filhos, faz o melhor por eles e

os proteje, proteje, proteje e quando alguém chega e os violenta, meu Deus, isso é intolerável.

As pessoas dizem que você tem lições para aprender e eu estou muito mais compassiva agora do que costumava ser. Eu ouço mais os problemas das pessoas. Meu filho diz que mal pode acreditar que eu não o esteja repreendendo sobre a sua vida e ele me ama por isso. Tudo que eu preciso é amá-lo e que ele esteja seguro e feliz. Eu não me importo com qualquer outra coisa. É o que eu aprendi com Melissa — eu não preciso mais passar pela vida controlando a tudo e a todos.

Eu tenho de fazer mais por mim mesma agora. Sei que se eu ficar triste, todos também ficarão. Meus amigos aqui na África do Sul têm me ajudado. Eles são meu apoio junto com meu marido, que se tornou uma pessoa muito espiritualizada. Eu acredito que ele encontrou a paz e superou tudo aquilo com a ajuda de nossa filha, Melissa.

A forma como Jackie falava da força interior de Melissa me lembrou de uma sessão que eu fiz em Boston, onde uma mulher de já bastante idade, que fora estuprada e assassinada em sua própria casa, apareceu para tranquilizar sua neta angustiada, contando a ela que seus agressores não haviam de forma alguma tocado em sua alma. Ela disse que sua experiência traria luz para outras pessoas, o que parecia impossível para mim — como tirar algo bom daquele crime terrível? — mas agora eu entendo melhor. A luz brilhante do espírito não é atingida pela profanação humana. Tenho certeza de que Melissa aproximou-se em espírito também, e é claro para mim que ela se tornara o anjo da guarda de sua mãe agora.

Melissa fora inocentemente surpreendida em um tipo de carma nacional de ódio entre negros e brancos sul-africanos, que é um legado do apartheid — o regime de segregação racial na África do Sul — e do sistema colonial. É um violento e problemático carma, que não será esclarecido até que pessoas suficientes acordem para o que está acontecendo e mudem sua maneira de pensar. A morte dela estava na psique daquele país e nada que sua mãe pudesse ter feito a teria salvado. Sua família precisará se harmonizar para entender que essa atrocidade era parte um problema muito maior. A luta deles é contra a ignorância e a violência irracional. Eles vencerão, com a ajuda de Melissa, mas sem perder a própria humanidade. A veemência e o caráter que Jackie, e a forma como ela bravamente havia seguido com sua vida, me deram esperança por eles.

18

DO QUE VOCÊ ESTÁ COM MEDO?

Tempos atrás, quando estava aprendendo a desenvolver minha mediunidade em Glasgow, havia um grupo com o qual eu me reunia regularmente para praticar meditação e falar sobre coisas relacionadas a isso. Porque à medida que questionávamos nossas vidas e revelávamos nossas almas juntos, nos tornávamos um grupo de amigos muito fortalecido e mantínhamos contato pelo resto da semana.

Uma de minhas amigas do grupo costumava participar com frequência de um bate-papo e parecia estar sempre preocupada com alguma coisa nova.

— Você viu as notícias? — ela dizia, sobre algo terrível que acontecera em outra cidade ou até em outro país. — Você acredita? E se isso acontecesse com meus filhos? Eu não consegui dormir. Fiquei o tempo todo pensando nisso.

Às vezes, esses desastres aconteciam em outro país, mas ela mesmo assim tinha medo de que atingissem às pessoas a quem amava, e ficava realmente muito deprimida, imaginando seus filhos passando por todo tipo de experiências horríveis — acidentes de carro, tiroteios na escola, terremotos, qualquer coisa em que você puder pensar.

Eu disse a ela que poderia deixar de assistir à televisão e parar de ler as notícias, mas era realmente muito difícil ver alguém vivendo daquela forma, com um medo terrível e sempre se torturando. Finalmente, achei que já era o bastante e disse:

— Você é uma pessoa especial, mas precisa entender a diferença entre empatia e compaixão. Que bem você está fazendo imaginando seus filhos em situações que não tem nada que ver com eles? Que bem você está fazendo às pessoas que estão sofrendo neste momento?

Toda essa energia emocional estava sendo desperdiçada, mas ela não era uma tola e, passado um tempo, avaliou o que fazia e encontrou algo melhor em que usar sua energia. Passou a trabalhar como voluntária da ChildLine* regularmente e então descobriu que podia fazer a diferença. A empatia se transformou em compaixão quando ela começou a realmente ouvir as pessoas e entender a gravidade de seus problemas. Isso sem falar que ela estava efetivamente ajudando as pessoas, e essa ajuda estava mudando suas vidas — e, com certeza, a dela também.

Uma das coisas mais importantes a respeito disso era que no final de seu expediente ela podia simplesmente ir embora, sabendo que havia feito sua parte. Ela não precisava mais me ligar para descrever as coisas horríveis que escutara naquela noite e me dizer que o mundo era um lugar terrível, porque sabia que não era sua tarefa.

É difícil, neste mundo em que vivemos, quando a toda hora parecem chegar mais más notícias e ninguém quer se envolver, não ceder ao impulso de largar tudo, comprar montes de comida enlatada e trancar as crianças em casa pelo resto

---

* Serviço telefônico 24 horas de aconselhamento para crianças e jovens na Inglaterra. (N.T.)

de suas vidas para que fiquem sempre em segurança. Enquanto rompem outras guerras e outras crianças são sequestradas você pode ser perdoado por pensar que a humanidade está condenada e o plano terrestre não significa nada além do mal, e que, se você não se mantiver constantemente alerta, as forças do mal atingirão você e aqueles a quem você ama.

Eu creio que esses sequestros de crianças preocupam a maioria das pessoas. Sempre que uma criança desaparece, todos se preocupam com aquela pobre criança e trazem essa preocupação para dentro de suas próprias vidas. Eles pensam:

— Deixei meu filho no jardim, e se o sequestrarem também?

De repente, você se sente melhor, se torna uma pessoa melhor por não deixar seus filhos brincarem do lado de fora. Afinal, eles não estão todos seguros em casa com seus Playstation? E aquelas crianças doces do outro lado da rua que são transportadas para lá e para cá por sua mãe, que dirige um 4 x 4 blindado? É tão fácil esquecer que é mais provável que todos morram em um acidente de trânsito do que em um sequestro ou assassinato! Logo você estará olhando com desconfiança para todos que passarem por você. E um vulto assustador surgirá em sua existência, a ideia de que você cometerá um pequeno deslize e pimba... seu filho partirá e você passará o resto de sua vida se torturando e com remorso.

Ainda assim, deve haver um bilhão de crianças em todo o planeta, e a maioria não está sendo sequestrada. Muitas delas *estão mesmo morrendo* porque têm apenas água poluída para beber ou moram em barracos na cidade, como os que vi em Soweto. Mas parece que perdemos a capacidade de avaliar a importância disso. De que forma chegamos a ter esse estranho conceito sobre os perigos da vida?

Quando eu era criança, podíamos brincar na rua o dia todo. Nossas mães podiam nos deixar sair depois do café da manhã e era assim que a vida era levada. Elas sabiam que as outras pessoas da vizinhança ficariam de olho em nós e tinham certeza de que não faríamos nada muito arriscado, mas, de uma forma geral, podíamos fazer o que quiséssemos. Essa permissão não oficial de nossas mães não significava que elas não nos amavam, apenas que não tinham medo em seus corações. Amor e ausência de medo não são mutuamente exclusivos.

Hoje em dia, como minha amiga do círculo de desenvolvimento em mediunidade, que se preocupava com coisas que nunca aconteceriam com sua família, muitas vezes confundimos empatia e compaixão e criamos nosso próprio inferno. Quando agimos assim, uma enorme quantidade de sentimentos negativos vêm à tona e nada realmente bom pode acontecer. Algumas pessoas usarão essas preocupações para criar algo como grupos de apoio para vítimas ou tentar aprovar uma nova lei que previna futuros crimes, mas e quanto ao resto de nós?

Se você está sempre preocupado com o que poder acontecer, ou se sente atingido por algo que aconteceu com um estranho, você precisa de um tempo para sentar e se perguntar por quê. As consequências da morte da Princesa Diana são estranhas para mim. Fiquei surpreso com o que estava acontecendo no país, onde tantas pessoas choravam como se tivessem perdido alguém de suas famílias. Até certo ponto se deve ao modo como as notícias repercutiram ao redor do mundo simultaneamente, então acho que houve uma comoção coletiva, de modo que abraçávamos pessoas que nunca tínhamos visto e que estavam tão comovidas quanto nós. Mas se você se sente dominado pela tristeza com a morte de um estranho, pode ser que exista uma tristeza em sua própria vida que precise receber atenção. Você deve encarar que algo ficou sem solução para aceitar e seguir em frente. Então, quando você estiver seguro consigo mesmo, poderá começar a fazer diferença para os outros.

A força também é gerada quando as pessoas oram juntas ou trabalham pela mudança. Depois de Dunblane,* houve uma prece universal ao redor do mundo e isso realmente nos deu muita força – não éramos a única nação a ter sofrido algo como aquela atrocidade, e aquela sensação de pertença que permeou as manifestações de apoio não deixou que nos sentíssemos sós. Quando algo horrível como um tsunami, ou Dunblane, ou Locherbie** acontece com outras pessoas, ainda que não as conheçamos pessoalmente, a conexão entre espíritos humanos se fortalece. O mundo para por um minuto, então nos questionamos se deveríamos abrir espaço para uma maior espiritualidade em nossas vidas.

Ok, você pode estar dizendo que não podemos controlar tudo, e coisas ruins acontecem. Ainda que as chances sejam pequenas, coisas horríveis ainda podem acontecer comigo e com quem eu amo. Meu trabalho em uma instituição de caridade ou a minha espiritualidade não conseguirão evitar que meu carro colida com o de um motorista bêbado ou que meus filhos estejam no lugar errado, na hora errada. Isso é verdade, mas se você quiser fazer algo para proteger as pessoas que ama, o melhor que tem a fazer é não contribuir com a maldade no mundo. Tome atitudes para melhorar o

....

* Em 1996, na Escócia, um homem armado com uma metralhadora invadiu uma escola e matou 16 crianças. (N.T.)

** Em 1998, um avião da Pan Am que sobrevoava a Escócia explodiu devido a um explosivo sintético escondido em um rádio dentro do compartimento de carga.

que você puder. Sinta suas emoções, mas não fantasie – elas têm de ser publicadas pelo jornal ou têm de vir do seu coração? Faça alguns questionamentos sobre o que lê e questione mais a si mesmo. Fique indignado mais vezes e se esforce para ajudar os outros quando for capaz e estiver disposto.

Para mim, o ponto decisivo na vida de qualquer pessoa chega quando ela se dá conta de quantas das coisas que temia nunca aconteceram. Nem tudo que você imagina vai acontecer e você tem que entender isso. Imaginação não é vida real.

Se você se deixar levar por seus pensamentos, poderá permitir que o medo chegue e ocupe lugar na sua vida até que você mal possa respirar, mas então você mal consegue viver também. E assim, se algo terrível acontecer, o que você terá de bom para dizer? 'Eu sabia que isso conteceria'? Que diferença vai fazer? Nenhuma.

O que nós precisamos é virar o medo ao nosso favor. O medo pode ser a emoção que nos força a buscar as respostas em nós mesmos e nos livrar de algo ruim. Frequentemente isso leva as pessoas a procurarem respostas em uma força muito superior a elas mesmas e a estudar sua alma pela primeira vez. Se você conseguir transformar a energia do medo em energia para agir, quem sabe o que poderá conseguir?

A meditação diária é uma ótima maneira de recuperar uma sobrecarga de informações e sentimentos, aproveitando aquilo de que você precisa e deixando o resto se libertar. Algumas pessoas escrevem um diário, o que também é muito útil.

Você pode descobrir que, meditando regularmente, dormirá muito melhor e sem sonhar. Eu não tenho sonhado muito nos 15 anos em que venho meditando. Acredito que a meditação me permitiu ir para além de um período de sonho e ter um sono mais profundo. Eu descobri que se ficar remoendo as coisas, entretanto, vou acabar sonhando com o meu dia: uma mistura de tudo que aconteceu passando por minha cabeça, e pela manhã me levanto me sentindo bem, como se alguém tivesse pegado toda papelada de minha escrivaninha mental e organizado.

Quando sua mente está cheia de tristeza, confusa ou se consumindo de raiva pela causa do seu sofrimento interior, é preciso entendimento. Para alcançar esse entendimento, você precisa em primeiro lugar aquietar sua mente e se afastar das distrações do mundo lá fora. Encontre um lugar calmo, onde você possa relaxar, um lugar onde você se sinta confortável e saiba que não será perturbado e tente esta meditação:

Meditação para Relaxar

Controle sua respiração. Respire pelo nariz profundamente, até seus pulmões. Libere a respiração devagar através do seu corpo. Agora você está adquirindo o controle do seu corpo e da sua mente. Você não está preso à emoções ou medos.

A cada vez que inspirar diga a você mesmo para relaxar, e a cada vez que expirar diga a si mesmo para se liberar. Esta é uma instrução direta para sua mente relaxar seu corpo e liberar suas tensões.

Se algum pensamento entrar em sua mente, apenas o deixe passar. Reconheça que são apenas pensamentos e deixe-os ir. Mantenha o foco apenas na sua respiração, no seu relaxamento e na sua liberação.

Agora você está criando harmonia entre corpo e mente. Você está fortalecendo sua mente e se permitindo livrar-se de um peso. Você também está abrindo espaço para a paz encher seu coração.

Fique em paz. Corpo e mente são um só.

19

NADANDO NA SOPA CÁRMICA

Uma maneira de ter controle total do seu carma é retirar-se do mundo como um guru, sentar em uma caverna e meditar o dia todo. Obviamente, não é uma opção realista para a maioria de nós. Temos de encarar a vida e encontrar a nós mesmos em uma sequência de eventos, os quais não poderemos prever como terminarão, preparando-nos para o pior e esperando pelo melhor.

Isso poderia ajudar a aceitar que há dois níveis de carma – aquela sopa cármica, de pequenas atitudes que podem gerar grandes consequências, na qual nadamos todos os dias; e uma força superior, que pode passar por cima de nossas escolhas. Este é o nível de carma em que se encontra a raça humana.

Nós passamos a vida toda nadando na sopa cármica: emoções fortes e violentas que permanecem e nunca se dissipam. Chapinhamos em torno delas o dia todo, não as vemos, mesmo quando elas nos arrastam para o fundo como uma força da gravidade emocional. Tudo que vemos, lemos ou ouvimos nos afeta: um desastre em um país estrangeiro, um sequestro, um acidente. Nós vemos essas coisas na televisão e vamos dormir com a cabeça cheia de maus pensamentos. Temos medo de que algo de ruim possa acontecer conosco ou com aqueles a quem amamos, ou talvez estejamos influenciados por algo do passado que não foi resolvido e está interferindo em nossa vida neste momento. Enchemos nossa cabeça com más notícias e não fazemos esforço para entender, e nossa voz interior é deixada de lado.

Muitas vezes, não queremos acordar e nos colocar no mundo porque achamos que não vamos conseguir enfrentá-lo. É comum bebermos ou usarmos drogas para escapar do mundo real. Outros simplesmente entram no que eu chamo de 'estado de suspensão da consciência', no qual vivem suas vidas vazias, cuidando de suas próprias coisas e assuntos, sem serem capazes de olhar com sinceridade para si mesmos e dizer: 'Sim, eu quero isso, e isso é uma coisa boa.' Nesse estado podemos tomar decisões que mudarão nosso futuro sem pensar realmente sobre elas e considerar nossos verdadeiros sentimentos. Anos depois, vamos acordar de repente e nos surpreender por estarmos em um lugar onde não queremos estar, mas não há como culpar o azar ou as circunstâncias — éramos sonâmbulos emocionais.

É possível viver neste mundo sabendo que haverá altos e baixos extremos e que iremos seguir adiante por algo maior, enquanto ainda tivermos algum controle e esperança. É tudo questão de aprendermos as lições e não sermos arrastados às cegas pelas grandes dores da vida. Podemos vir a ter uma grande alma buscando discernimento acerca das muitas experiências diferentes que viveremos, tanto as boas como as ruins. Preste atenção também aos momentos de alegria e êxtase — há lições a serem aprendidas também nessas ocasiões.

Se você puder aceitar que muitas das piores coisas que acontecem na vida são formas de resgate do carma, poderá promover uma mudança positiva em sua vida. Você tem a escolha de transformar as coisas ruins em punição ou lições de vida.

Algumas pessoas aceitam isso com tranquilidade. Eu me lembro de uma criança que estava indo até a casa de amigos para chamá-los para brincar, e sua mãe a chamou da porta e disse-lhe gentilmente que ela não poderia ir porque seu pai havia acabado de morrer. Seu marido havia morrido de repente, sentado em sua cadeira na sala de estar. Ela fora buscar uma xícara de chá para ele e, quando voltou, ele havia partido. Eu estava chocado e fui correndo contar para minha mãe e em seguida vi a mulher indo calmamente a uma loja para comprar alguma coisa. Nós pensamos que ela apenas estivesse em estado de choque e que fosse se desesperar depois — as pessoas na minha rua costumavam ser um pouco mais dramáticas que o normal com esse tipo de coisa — mas ela nunca perdeu a cabeça. O marido dela havia quase morrido em um acidente grave poucos anos antes e ela teve um tempo para encarar a possibilidade da sua morte. Quando aconteceu, ela estava mentalmente preparada.

Eu não estou dizendo que você tenha de reprimir seus verdadeiros sentimentos. Se você deixar todas as pequenas coisas se acumularem, tudo que foi reprimido vai ficar interiorizado e um dia um grande incidente vai trazer à luz todas aquelas emoções. Subitamente tudo virá à tona e você será incapaz de enfrentar a situação porque terá o equivalente a três anos de sentimentos contidos para se ocupar.

Chi uma vez explicou alguns aspectos de nossas mentes e emoções ao nosso grupo em uma sessão de transe. Ele nos disse para imaginarmos nossas mentes como tendo três níveis: 'despertando a consciência', que é o presente, a parte da consciência de nossas mentes; 'emocional', o lugar onde vivenciamos nossas experiências; e 'reprimido', onde tentamos esconder problemas e traumas. Nós temos de purificar a parte da inteligência e da consciência em nossa mentes e tentar nos manter calmos, sóbrios e livre de acúmulos para deixar que nossas emoções venham à tona, para refletir e entender por que e de onde elas realmente vêm. Se os problemas descem até o nível mais baixo e são reprimidos, jogados como pedras no fundo de nossa psique, podem nos causar enormes medos e incertezas. Se não tentarmos trazê-los para a superfície e entendê-los, vão gerar fobias e depressão.

Então, use sua inteligência para ir buscar seus sentimentos mais profundos. Dessa forma, você poderá identificá-los e lidar com eles. Encarando-os de outra forma você conseguirá orientação e a ajuda para chegar ao seu íntimo.

Meditação para Problemas do Passado

Na meditação caminhe rumo a uma casa.
Caminhe devagar, mas confiante, rumo à
porta da frente.

Abra a porta, vá e pare no meio de um hall.
Veja que existem sete portas ao redor
do corredor. Cada quarto representa uma importante
fase de sua vida em evolução. (Você pode dividir
em ciclos de sete anos, se você preferir, ou alguma
outra forma que se adapte à sua experiência.)

Entre em um dos quartos. Ele talvez simbolize uma
época de sua vida que você quer ver ou onde você
sabe que há um acontecimento significativo que não
tenha sido resolvido.

Se estiver escuro, acenda a luz. Abra as cortinas,
deixe entrar toda luz que puder.

Veja a si mesmo como era naquela época. Passe um
tempo examinando alguns episódios que o afetaram
de forma contundente. Volte a alguns lugares
emocionais onde você se sentiu abandonado,
triste e derrotado. Identifique
o que poderia ter feito, coisas que você não se
orgulha de ter feito, coisas terríveis e que precisam
de reparação. Pergunte a si mesmo: 'O que posso fazer
para ajudar aquela pessoa? Como vou encorajá-la a
não se sentir mal consigo mesma?'

Abrace a criança ou a pessoa e cure-a. Você tem o poder
de fazê-la se sentir segura e protegida.

Deixe o quarto sabendo que você trouxe compaixão para a
pessoa que foi um dia e trouxe luz àqueles episódios de
sua vida.

Ame-se por quem você foi e se parabenize por ser
este ser em transformação. Você está se tornando uma
pessoa mais compassiva do que era no passado. Você pode
entender e perdoar agora, com sabedoria, porque pode ir e vir
sem se sentir preso como a pessoa amedrontada que era.

Você pode voltar e entrar nos outros quartos
sempre que se sentir capaz.
Uma luz brilhando em sua mente pode
acabar com qualquer escuridão.

20
O PODER DA ORAÇÃO

Uma mulher certa vez me perguntou se eu poderia fazer uma espécie de oração especial aos espíritos para fazer a namorada de seu filho perder seu bebê. Você pode imaginar que tipo de pessoa ela era. Não sei de onde ela tirou a ideia de que poderia levar uma maldição terrível para alguém importante para seu próprio filho, mas isso não poderia ter vindo de um sermão em um Centro Espírita. Da mesma forma, certa vez atendi uma mulher que se considerava uma católica devota e praticante, que me pediu orações para que a companheira de *seu filho* se fosse. Eu não acredito que as coisas possam funcionar dessa maneira.

O que ela ia conseguir com esse pedido? O que essa nova sequência de acontecimentos iria trazer para a vida de seu filho? O que ele teria de enfrentar? Eu não acho que ela estivesse preocupada com o significado do que estava me pedindo. Ela precisava reservar um tempo para dar uma boa olhada em seus próprios sentimentos e ver de onde vinha aquele ódio.

Orar é uma das melhores coisas que você pode fazer quando se importa com alguém — seja um parente, um amigo ou um estranho cuja história você viu no noticiário — e pedir que as coisas boas que deseja para eles sejam reforçadas por uma fonte divina. Isso também é um pedido por força e lucidez, então você poderá consolar-se nos momentos difíceis, e encontrar um propósito na maneira como as coisas estão acontecendo, antes que seja levado por sentimentos de revolta.

O que a oração não pode fazer é eliminar sua responsabilidade ou rever seus medos em um monólogo com Deus. Eu costumava orar para que todas as coisas ruins acabassem, mas era apenas por medo da experiência e da vida. Não *ore* para que seus filhos se comportem melhor — converse com eles ou peça ajuda. Não fale com Deus a respeito da bebedeira do seu marido — converse com ele ou com um especialista. Nesse caso, ore por habilidade para lidar com isso tudo. Aquela senhora católica precisava parar de se queixar a Deus sobre a namorada do filho e em vez disso conversar o filho e a garota. Não peça a Deus ou ao universo quando há muitas coisas cuja mudança está ao seu alcance, inclusive a mudança de sua atitude perante a vida e as pessoas ao seu redor.

A oração não tem o poder de trazer resultados óbvios instantaneamente — não descerá uma enorme mão do céu para dar ao homem aquilo que ele está esperando. Mas uma oração é suficiente — você pode se sentir ouvido pela primeira vez.

Effie Ritchie tinha o hábito de orar por todas as pessoas do mundo. Ela começava pela sua família e amigos e em seguida ia para 'aquela mulher que eu vi hoje e que parecia muito pobre', e 'todas as crianças nos hospitais, e as enfermeiras que cuidavam delas, e os médicos' e assim ela ia até três da manhã.

— Que diabos eu fazia? — ela me perguntou certa vez, ao relembrar sua trajetória espiritual. — Eu não precisava ter feito nada disso. Afinal, eu só precisava ter dito: Deus, você sabe que estou lidando com isso da melhor forma possível, cuide deles, não posso ficar aqui a noite toda.

Ela me ensinou que o melhor a fazer é orar de forma concentrada e dedicada e, como a fantástica curadora que sempre foi, ela também entendeu que era mais importante cuidar bem de uma pessoa do que tentar resolver os problemas do mundo inteiro. Dessa forma, você terá clareado todos os cantos escuros que for capaz, e terá feito a sua parte.

21

Mudando de atitude

Uma grande quantidade de livros ensina você a fazer 'afirmações' do tipo: 'Eu sou bonito' ou 'Eu sou uma boa pessoa'. É certo dizer essas coisas a você mesmo como um estímulo, e elas poderão mudar não somente seu dia, mas também sua atitude perante a vida. Você também deve considerar que grande parte dos conselhos desses livros vai além e estimula o leitor a fazer afirmações sobre suas esperanças e seus sonhos. 'Ficarei rico hoje', eles o aconselham a dizer, ou: 'Vou encontrar uma noiva até o final deste ano'. E é neste ponto que eu discordo dos autores.

Nós já vimos que grande parte das coisas que sonhamos vem como resultado de escolhas concretas feitas no presente, não apenas porque nós as desejamos — se fosse assim, um número cada vez maior de pessoas ganharia na loteria toda semana e nos tornaríamos todos milionários!

Eu imagino que *realizações* são mais importantes que afirmações. Para mim, nós temos dois caminhos: o primeiro é perceber o que temos no dia a dia e sermos gratos.

A senhora Primrose enumerava suas bênçãos toda manhã quando acordava, quase como uma meditação. Isso lhe trazia mais contentamento do que uma dúzia de afirmações sobre como, em algum momento no futuro, ela poderia vir a ter rios de dinheiro e um garotão. Quando você percebe o quanto já possui, torna-se difícil pedir mais ao universo. E se você precisa fazer afirmações para tudo, por que elas não poderiam ser somente espirituais?

O segundo caminho de realização é ainda mais básico, mas a primeira coisa que você precisa fazer é se concentrar no tempo e espaço presente e começar a reconstruir sua vida depois de um trauma. Você tem consciência de onde está e do que precisa fazer para ir além — o estado de suspensão da consciência —, em vez de ficar às cegas, desejando que tudo melhore.

Geralmente há um momento no qual, de repente, você passa a ver de forma muito clara onde está e como conseguiu essa posição, e do que precisa para seguir em frente. Eu vivi esse momento muitas vezes, e a cada vez parecia ser algo incrível, excepcional, mas eu imagino que pode acontecer com todos nós, e seja qual for o momento da vida em que estamos, todos nós temos habilidade para prosseguir. Algumas pessoas precisam de um médium para ajudá-las a entender esse momento crucial, outras não. Mas você tem que querer seguir adiante, evoluir, despertar e pressentir o carma.

Certa vez, perguntei a Effie o que a havia levado ao espiritismo e ela disse que havia tido uma espécie de revelação alguns anos antes. Ela havia servido de enfermeira primeiro para sua mãe, depois para seu marido, Charlie, durante o período em que ele esteve doente, e quando ambos haviam partido, ela sentiu como se estivesse dentro do que chamou de um vácuo, uma depressão profunda que acabara com sua vontade de viver. Até mesmo seus filhos, que haviam crescido e saído de casa, eram incapazes de fazê-la sair da concha. Ela disse que estava vivendo como um zumbi e não importava o que eles diziam ou o que tentassem fazer para animá-la, era como se seu corpo e mente pesassem uma tonelada.

Quando conheci Effie, sua casa estava sempre imaculada e a primeira coisa que fazia quando se levantava pela manhã era ir limpando tudo. Ela me contou, porém, que quando estava no vácuo, sua casa era uma catástrofe. A coisa toda simplesmente desmoronava ao lado dela, enquanto ela ficava sentada em sua cadeira na sala de estar, pensando em Charlie. Ela ainda trabalhava limpando a casa de outras pessoas e escritórios, mas em sua própria cozinha os pratos estavam empilhados e a pia transbordando.

Effie e eu costumávamos conversar sobre nossas 'vozes interiores' e como considerávamos que elas provavelmente não eram de guias espirituais, mas aquela parte de nós mesmos que nos ensinou a confiar em nossos instintos mais íntimos quando os sentimos. Quando estava no vácuo, Effie mal podia entender o que sua voz interior dizia. Parecia estar muito distante para que ela a ouvisse. Ela sabia que essa voz falava sobre seus problemas e tentava lhe ensinar como agir, mas o som não se propaga no vácuo.

Um dia ela estava sentada em sua poltrona, incapaz de saber se dormindo ou acordada, quando de repente ouviu a voz mais alta que já escutara, uma voz que ela descrevera como vinda de suas entranhas. '*Viva!*', aquela voz forte ordenou, e ela sentiu como se tivesse desabado da cadeira, caída de uma grande altura. Suas mãos tremiam e o grito que ela deu reverberou por todo seu corpo. Ela sentiu o pranto que vinha de seu estômago, em ondas de enormes soluços desesperados, um choro tão violento que quase parecia que ela estava vomitando. Ela olhou ao redor da sala de estar e viu o chiqueiro onde estava vivendo. E então, de repente, ela estava lá, e não mais no vácuo. Ela disse que foi como se tivesse sido ligada a uma bateria, uma explosão de energia que a impulsionou a sair da cadeira e limpar seu armário. Ela limpou a casa até a exaustão, vendo tudo que tinha de fazer e se concentrando em uma tarefa após a outra até ter terminado, e voltou à sua sala de estar com total lucidez.

— A partir daquele momento, voltei a ter contato com a minha voz interior — ela me contou, e era a mesma voz que a guiara até o Centro Espírita para encontrar a cura e, mais tarde, para desenvolver sua mediunidade. Aquela voz interior a ajudou a fazer tudo da maneira certa até o momento da sua morte e, eu tenho certeza, além.

Nunca é tarde para retomar a sua vida. Ninguém é irrecuperável. Eu me lembro de uma mulher que costumava vir ao salão uma vez por semana para lavar o cabelo e que parecia bem para seus 70 anos. Ela costumava conversar conosco muito abertamente sobre seu cotidiano, e partia o coração ouvi-la. Seu marido costumava chegar em casa bêbado e bater nela, vinha fazendo isso durante todo o casamento deles, e ela encarava isso com um humor negro.

— No dia seguinte, ele sempre me traz joias de ouro — ela dizia rindo. — Meu quarto parece a tumba de um faraó! Isso não me dá nenhum prazer, em parte porque cada uma daquelas joias é uma recordação das pancadas.

A polícia fora chamada à sua casa uma centena de vezes, e sempre era dispensada, e suas amigas estavam cansadas de tentar convencê-la a abandoná-lo. Nós costumávamos perguntar a ela por que nunca havia ido embora, mas ela não saberia dizer. Eu acho que ela, na verdade, não tinha nenhum lugar para onde ir. Ela não queria deixar o lugar onde havia crescido e nós também não iríamos nos admirar se ela estivesse com medo de que ele fosse em seu encalço e fizesse algo pior. Talvez ela estivesse vivendo daquela forma há tanto tempo que não conseguisse imaginar uma vida diferente.

Um dia, porém, ela chegou andando animada e parecia não poder esperar para nos contar o que acontecera. Seu marido fora diagnosticado com uma doença grave e ela tinha a chance de sair e começar a viver sua vida, mesmo que estivesse na metade dos seus 70 anos.

— Que se dane tudo, eu estou partindo — ela nos contou. — Eu arruinei toda minha vida, mas estou disposta a recomeçar agora.

É necessário muita coragem para abandonar um mau casamento, com toneladas de decepções, e manter-se firme, e eu não conseguia acreditar que finalmente ela tivera coragem bastante para fazer as malas. Havia muita coisa em jogo. Ela estava andando em direção ao abismo, e ficar sozinha de repente, naquela idade, era assustador. Mas ela vendeu todo seu ouro e seguiu seu próprio rumo. Somente quando entendeu que estava se sujeitando a morrer ao lado de um homem que a amedrontava havia 50 anos, ela se recusou a terminar sua vida daquela maneira. Quanto a seu marido, ele não imaginou verdadeiramente no que estava causando a outro ser humano, mas agora ele está tendo que assumir alguma responsabilidade por ter arruinado a vida dela.

Eu a imagino frequentemente e gostaria de saber como está sua vida depois de ter deixado aquele valentão.

Uma de minhas histórias favoritas sobre mudança de atitude é uma em que a mudança foi tão completa, que era difícil acreditar que aquele espírito não estivesse apenas fingindo.

Nós costumávamos fazer sessões de cura durante a noite, no centro, e uma noite estávamos reunidos para uma nova rodada de sessões. Ao final de cada noite, tínhamos o hábito de compartilhar alguma experiência que tivéramos durante a sessão. Falávamos um de cada vez, mas quando chegou a vez de Billy, ele deixou a todos boquiabertos. Eu acho que ele se sentiu um pouco como se estivesse em uma reunião do AA e acreditou que deveria dividir sua história conosco, e foi o que ele fez, e foi perfeito.

Ele havia crescido em um lar extremamente sectário, no qual toda sua família odiava o catolicismo de forma muito agressiva. Não importava o que fosse, se era ruim, era católico ou culpa da Igreja Católica; pelo menos era o que seu pai havia lhe ensinado. Toda aquela raiva não estava restrita às conversas entre os dois. Billy nos contou como, quando era um adolescente, esperava do lado de fora da escola da igreja e batia nas crianças quando elas saíam de lá, ou como ele e alguns outros conseguiam arrombar as capelas e destruir tudo em que pudessem pôr as mãos. Depois, saíam e pichavam frases sectárias nos muros.

Aquela fora sua formação, e quando ele se casou e teve filhos, tentou trazê-los para o mesmo caminho; porém, eles tinham bom-senso e viam que aquilo estava muito errado.

Há um ano, ou pouco mais, ele aparecera em nosso centro e estava em um estado lamentável. Estava bebendo demais e seus filhos o haviam rejeitado. Toda a bebida do mundo não fora capaz de curar seu ódio e sua intolerância, as pessoas haviam desistido dele, e ele se encontrava literalmente na sarjeta mais de uma vez.

Uma noite, depois de andar a esmo pela rua completamente embriagado, ele chegou a um albergue amparado por duas freiras. Eu me perguntei se ele tinha consciência de que o seu pior pesadelo se tornara realidade — ele havia morrido e ido para o céu, e era católico. O que acontecera na realidade é que ele tinha ido parar em lugar mantido pela Igreja Católica para ajudar alcoólatras e outros viciados.

Billy disse que havia chorado por muitos dias porque aquelas mulheres foram extremamente amáveis durante o horror do processo de desintoxicação, enquanto ele havia vomitado, suado frio e delirado. Uma coisa era se livrar do álcool, mas se livrar do ódio era outra completamente diferente. Billy sentia sua mente girar. Aquelas eram as únicas pessoas que o tempo todo haviam demonstrado bondade e compreensão incondicionais, e eram católicas! Elas até o levaram para ter sessões de aconselhamento, e, claro, essas sessões eram conduzidas por padres.

Então, Billy havia aprendido e se reintegrado àquela comunidade de pessoas que não se importavam com o que ele havia feito no passado, mas que acreditavam que ele pudesse se tornar um homem de bem e até mesmo uma boa pessoa, no futuro. Eles conseguiram que ele se associasse ao AA e, aos poucos, ele começou a se reconectar à vida. Tirou um tempo para ir visitar várias pessoas cujas vidas ele havia infernizado e pedir desculpas, e, como grande homem que era, suportou o que elas tinham a dizer e deixou que elas o repreendessem. Suas filhas voltaram a conviver com ele, e ele agora tinha netos. As pessoas que conviveram com o velho Billy por décadas reconheciam abertamente seu novo caráter.

Ele poderia ter vivido o resto de seus dias em meio ao ódio, perpetuando o clima de agressividade que havia conhecido por toda sua vida. Porém, ele tomou decisões que o modificaram e realmente abriu sua alma e encontrou algo melhor em seu interior. Durante todo o tempo em que odiara os católicos, ele apenas havia odiado e destruído a si mesmo, mas sempre tivera potencial para se tornar um bom homem. Tudo de que precisou foi a bondade e a generosidade das freiras.

Pode soar como 'papo de hippie' falar sobre 'encontrar seu eu interior', mas, quando você o faz é algo incrível e uma grande transformação. Não me admira que Billy não conseguisse parar de contar às pessoas sobre sua mudança. Ele veio ao Centro Espírita um tempo depois daquela primeira noite e nós achamos que ele realmente estava muito melhor e descobrimos que estava dedicando parte do seu tempo a ajudar a instituição que o salvara. Tenho visto várias pessoas transformarem suas vidas e é sempre uma visão maravilhosa. Algumas pessoas conseguem transformar aversão em compaixão que muda a vida de outras, e, ao fazê-lo, tomam as rédeas do próprio destino.

Você ainda tem uma vida, onde quer que esteja — mesmo que só se dê conta quando estiver com 90 anos. Você ainda não terminou.

22

ACORDANDO DO ESTADO
DE SUSPENSÃO DA CONSCIÊNCIA

Você precisa entender seu carma para aperfeiçoá-lo, embora a maioria das pessoas só tenha consciência do que aconteceu a elas em uma análise posterior. Viver no presente vai ajudar: esse é o único lugar real e verdadeiro, afinal. Eu não estou dizendo que consigo manter esse 'estado consciente' em 100% do tempo — todos precisam de um tempo para se divertir e aventurar-se em uma fantasia — mas eu sei que quando algo acontece em minha vida, quer seja terrível ou maravilhoso, o único lugar em que devo estar é no presente. Não há como lidar com isso de outra forma; você precisa estar aqui e ver o que acontece agora.

Vamos analisar uma situação cotidiana e ver como você pode ser mais atento. Vamos imaginar uma forte emoção e como você poderia senti-la, e como poderia evitá-la.

Digamos que você esteja pegando um ônibus na cidade e alguém atrás de você está impaciente e o empurra. Ele reclama para que você saia do caminho e, quando você protesta, recebe um olhar de reprovação.

Neste momento, você tem duas escolhas. Uma é ver que a grosseria daquela pessoa não faz parte do seu dia — ela apenas está passando por você como uma nuvem de chuva e, provavelmente, indo agredir a todos à sua volta o dia todo, sendo estúpida com todos e os odiando.

A outra opção é levar um pouco da nuvem de chuva com você pelo resto do dia. Você tem pensamentos negativos durante toda sua viagem de ônibus. Quando chega ao trabalho, percebe que acabaram com o café, como era previsto. Então, houve algum problema com a data combinada para suas férias e você precisa tratar disso pessoalmente para ter certeza de que será resolvido. Na hora do almoço, você decide que está tendo um dia ruim. Você não gosta do seu sanduíche, a pessoa ao seu lado está fazendo um barulho espalhafatoso ao beber seu chá, e à tarde provavelmente tudo ficará pior. Sem dúvida, seu chefe lhe traz montes de trabalho e você olha para ele como se ele o estivesse tratando como um cachorro. Você pensa que esse é o tipo de coisa que não deveria estar acontecendo. Na volta para casa, no ônibus, você tem que dar lugar para uma mãe que está com um carrinho de bebê na hora do *rush* e ela discute com você, queixando-se do comportamento das pessoas. A ida até a loja lhe deixa furioso porque a garota do caixa está sendo treinada e tem que perguntar para alguém o preço da metade das coisas que estão em seu carrinho. Neste momento, você odeia sua vida e pensa que todos ao seu redor são idiotas, que não fazem ideia do estresse sob o qual você está. Você cruza a porta da frente e sua esposa diz:

— Como foi seu dia?

— Não começa — você grita, e sai batendo as portas dos armários na cozinha. Então, é claro que sua esposa ficará magoada e vocês acabarão brigando.

Agora há muito carma ruim sendo produzido, e não apenas por causa da irritação no ônibus pela manhã, mas por sua causa. Você poderia ter feito mais café voluntariamente ou ajudado aquela mãe com seu carrinho de bebê. Poderia ter perdido alguns minutos no supermercado em vez de achar que sua vida tem que funcionar como uma estrada de ferro suíça. Seu chefe apenas estava pedindo que você fizesse o seu trabalho, mas você agiu como se fosse uma imposição. Irritação se transforma em raiva, aborrecimentos se transformam em agressividade.

Baixe a bola. Você já está no meio de uma discussão com sua parceira e chegará o momento em que você sabe que dirá algo cruel. Agora, uma das crianças chega e é a gota d'água — você vai começar a gritar, e cada vez mais alto, ou é mais fácil você refletir e se recusar a agir assim? Pare agora. Não deixe a criança ser uma desculpa para seu mau comportamento ou uma discussão conjugal ser a razão para procurar uma prostituta. O próximo passo foi inspirado em uma conversa com a médium Diane Mitchell. É uma meditação exclusivamente para deixá-lo ciente de onde está e permitir que sua mente pare de regredir. Baseia-se no tempo e espaço presente, mas pode abrir sua mente para algo muito maior.

Meditação para caminhada

Com esta meditação você basicamente assumirá o controle de seu corpo e caminhará. Você deveria fazer isso sempre em um local que lhe fosse familiar, como um quarto em sua própria casa, ou o seu jardim. Será mais fácil se você não for perturbado.

Mantenha-se ereto, respirando profundamente, do fundo de seus pulmões, como se você fosse iniciar uma meditação qualquer. Mantenha seus ombros e pescoço realmente relaxa-

dos e deixe seus braços caírem ao lado do corpo. Livre-se de qualquer tensão em seu corpo, e de tudo que possa distrai-lo.
Você não deve imaginar qualquer cenário ou trazer à lembrança nenhum tipo de recordação neste momento. Apenas levante seu pé direito e se concentre em dar um passo e colocá-lo no chão. Diga a você mesmo o que está fazendo. Tente bloquear qualquer pensamento que não seja sobre esse simples movimento.
Dê um passo para frente com seu pé esquerdo, ainda com sua mente livre.
Comece a caminhar lenta e atentamente, talvez em círculos. Comece a andar num pequeno círculo e depois vá aumentando.
No começo, você provavelmente estará ciente do que está fazendo fisicamente, mas depois começará a observar por onde andou antes e sua consciência começará a se abrir. Você vai observar cada folha de grama, ou talvez uma em particular; ou ainda cada estampa em seu carpete, ou alguma felpa em seu assoalho.
À medida que você assume o controle do seu corpo e seus movimentos se tornam automáticos, sua mente começa a prestar mais atenção.
O tempo todo, diferentes pensamentos vão surgir em sua mente, descarte-os e volte a se focar em sua lenta caminhada. Se você perder o foco por um segundo, volte a se concentrar em cada passo: levante um pé, leve-o para frente, abaixe-o, levante o outro pé e assim por diante. Você está dirigindo o veículo cuidadosamente.
Todas as coisas naquele círculo que você traçou se tornarão cada vez mais evidentes porque você não está se permitindo perder sua energia mental ou algo assim. Você vai perceber as coisas muito detalhadamente. Se você está fazendo esta

meditação ao ar livre, ficará maravilhado de como aquele pequeno espaço à sua volta está cheio de coisas que parecem objetos, movimentos e sons. Você terá consciência de tudo ao seu redor, porque está realmente no tempo e espaço presente. Não se perca no passado, ou comece a pensar que você está indo ao supermercado — dê a você mesmo um tempo de tudo isso. Concentre-se apenas no presente.

Com a meditação para caminhada você vai além, como se estivesse escalando uma montanha incrivelmente alta ou encarando um despenhadeiro: se você pensar que está tomando um chá ou em onde vai pôr as mãos a seguir, você é um caso perdido.

É tão fácil quanto alpinismo, mas se tem que fazer, então faça. É uma boa comparação, ter foco em certas coisas e não em outras, uma 'recreação' nos dois sentidos, onde você "re-cria" sua energia mental.

Quando consegui melhorar na meditação para caminhada, comecei a fazer uma adaptação dela em minha caminhada para o trabalho toda manhã. Foi incrível. Eu senti como se visse todos os prédios pela primeira vez, cada árvore, cada porção de grama. Eu reparava se o trânsito estava bloqueado, ou se havia mais garrafas de leite do lado de fora da porta do que o habitual. Eu via os transeuntes de uma forma diferente também. Eu encontrava quase sempre as mesmas pessoas, em meu percurso todos os dias, e sempre no mesmo horário, e comecei a conhecer e a entender a expressão de seus rostos, e ainda fazia observações como 'Ele está usando uma jaqueta diferente hoje' ou 'Ela não parece estar indo para o trabalho'. As pessoas mal olhavam para mim — pareciam estar em estado de suspensão da consciência, cheias de preocupação com suas vidas. Elas caminham sem prestar a menor atenção ao que fazem, mentalmente em outro lugar, talvez em suas casas, ou, já no local de trabalho, sentindo falta de uma mudança em suas vidas. Mas por que perder tempo tentando adivinhar um futuro que ainda não chegou ou se arrastar de volta a um passado que você não pode mudar?

Sua mente e seu corpo deveriam estar no mesmo lugar, percebendo apenas o que acontece ao seu redor. Seu subconsciente já sabe disso, mesmo que você tente ignorá-lo. Enquanto você não estiver sendo honesto consigo, você verá que seus sonhos não serão honestos com você. Talvez você esteja se iludindo que um namorado seja realmente importante e crie todo tipo de justificativa para chegar a uma versão confortável das coisas, mas em seus sonhos ele volta e lhe diz que é você uma idiota. Talvez você pense que gosta do seu trabalho, mas assim que fecha os olhos se vê deixando o escritório galopando em um cavalo. Você acorda pela manhã e esses sonhos parecem um pouco confusos, então você os ignora — você aperta o botão soneca no seu despertador mental.

Eu tenho contato com muitas pessoas cujas vidas foram reveladas em seus sonhos. Eu tive uma amiga que vivia sob o domínio de sua mãe, mas parecia não ter capacidade de ver que aquela velha senhora a estava manipulando para que permanecesse com ela, desprezando qualquer novo amigo e arruinando qualquer tentativa que ela fizesse de se libertar. Essa amiga sonhava incessantemente com salmões nadando contra a corrente, saltando sobre a água e sendo apanhados por sua mãe, que estava sentada em um banco com uma enorme rede! Acredite ou não, ela não conseguia fazer a conexão entre esse sonho e a forma como sua mãe a tratara por anos, mas foi uma revelação quando ela o conseguiu.

Algumas pessoas escolhem não acordar, mesmo quando não somente o seu subconsciente, mas todos ao seu redor estão lhe dizendo que há algo errado. Será medo de falhar ou o destino que as está levando a uma situação ruim? Talvez pensemos que as pessoas que amamos e nossos pares nos julgarão por não termos o casamento ou o trabalho perfeito, por isso fingimos ter tudo isso, mesmo quando sabemos que realmente precisamos fazer algumas mudanças. No estado de suspensão da consciência nós apenas seguimos adiante tapando os ouvidos.

Há muitas pessoas que encaram naturalmente suas escolhas na vida, e apesar de suas decisões não terem sido tomadas de uma forma insana e sem consciência, elas não se preocupam com os riscos e mantêm a calma. Se você já está se preocupando — 'Bem, o que foi que eu fiz e onde errei?' — então precisa sentar e perguntar o que significa toda essa preocupação, de onde ela realmente vem e o que lhe traz de bom. Se você sentir que já fez uma escolha ruim, então, mude de direção em vez de aceitar de forma fatalista que não há outro caminho. Assim como Billy, você não pode mudar as escolhas que fez no passado, mas poderá aprender com elas quando der um passo atrás e olhar para elas de forma clara. E então, olhar para o futuro. Se você está em sintonia com a vida, saberá qual é o caminho certo a escolher — essa decisão vai se refletir em seu corpo todo. A maioria de nós não consegue fazer isso automaticamente, mas, para nosso próprio bem, por que não podemos parar e pensar: 'Por que estou fazendo isto? É a coisa certa a fazer? Estou preparado para as consequências?'

Esteja presente em sua vida e tire suas conclusões. Você tem habilidade para desenvolver toda sua capacidade de pensamento.

Para desenvolver sua força interior você precisa fazer de seu mundo interior um lugar agradável, e não um lugar escuro, repleto de medos de morte, dor e feridas emocionais. O que estou querendo dizer com seu mundo interior? É difícil explicar porque muitas pessoas usam esse lugar da maneira errada. Muitas pessoas não entendem ou acreditam em seu mundo interior, para elas, é um lugar para contemplar medo e preocupações. Muitas vezes, quando éramos crianças, aquele espaço interior era o lugar aonde íamos para sonhar, mas claro que, como adultos, nós não cogitamos essa possibilidade; em vez disso, nos enchemos de pensamentos terríveis. Se você sempre acordou nas primeiras horas da manhã se sentindo sozinho, é porque não tem nada para preencher aquele espaço interior e se sentir como todo mundo. Você não poderia se distrair por mais tempo. No Ocidente, nós enchemos nossas vidas com música, TV, jornais, revistas, livros e internet, então, não temos de encarar esse vazio durante as horas em que estamos acordados.

Nosso espaço interior deveria ser um lugar onde víssemos o mundo de forma positiva. Quando aprendermos a pensar de forma apropriada e navegar por nossas próprias mentes um pouco melhor, então teremos uma atividade espiritual superior. Transforme esse espaço em um bom refúgio para você mesmo. Use-o como um lugar para imaginar algo de que você goste, ou para se refazer de uma situação ruim. Quando eu era criança e ficava amedrontado, jogava um tipo de jogo de tênis em um computador mental. Não era nem bom, nem ruim, apenas algo neutro para minha mente fazer em vez de ficar se preocupando.

MEDITAÇÃO POR UM MUNDO INTERIOR

Em um mundo ideal, não haveria violência, ódio ou sofrimento de nenhum tipo. E se a maioria de nós tivesse o poder de eliminar tudo isso do mundo, é o que faria.

Para eliminar tais coisas do mundo em que vivemos, precisamos antes eliminá-las de nós mesmos. Lembrando que o mundo em que vivemos está repleto de sofrimento e miséria que nos causarão preocupação e medo, e nos deixarão zangados e cheios de ódio. No entanto, quando nos concentramos na paz, fortalecendo nossa mente e nosso mundo interior, as negatividades do mundo físico têm menos probabilidade de nos afetar. Para permanecer fortes nesta vida, precisamos criar um mundo de paz, um lugar onde nossa natureza espiritual possa crescer e nos colocar acima do mundo externo, da dor e dos conflitos.

Faça sua meditação e lembre-se de que seu mundo interior está em paz e conectado com a divindade do espírito. Diga a si mesmo que, não importa o que acontecer no mundo físico, seu espírito é indestrutível e não será atingido. Fique em paz com a vida e perceba que mesmo no mais ignorante dos homens existe um espírito divino que tem capacidade de amar.

Este é um lugar para começar a perceber a grande diferença entre o mundo externo, com todas as suas turbulências, e o lugar tranquilo, onde você agora está em paz. A partir desse estado de paz interior você pode começar a desenvolver compaixão por você mesmo e por todas as outras pessoas.

É apenas através do seu eu interior que você pode verdadeiramente conhecer e ser tocado pelo amor.

Esteja em paz.

Seu espaço interior é o lugar onde você pode desenvolver sua força interior, mas isso é o suficiente para fazer a diferença no mundo? Existem pessoas que demonstram uma grande força apenas por terem uma imensa compaixão pelos outros e canalizarem suas orações para elas. Há outras que são formidáveis quando saem e fazem as coisas. Eu acredito que ambas as maneiras são apropriadas e podem muito bem serem comparadas uma à outra. Você pode ter uma vida interior ativa e dedicar-se às coisas em nível espiritual, mas também pode fazer algo concreto. Quando você tiver chegado a um lugar de paz e compaixão em sua própria mente, a ação é muitas vezes a melhor forma de expressar isso. Rezar para que as compras sejam feitas num passe de mágica, para que um amigo acamado sare ou para que seus filhos automaticamente consigam bons resultados nos exames não seria algo bom, mas você pode dizer: 'Eu entendo matemática, deixe-me ajudá-lo com sua lição de casa'; ou acrescentar alguns itens extras em sua própria lista de compras para o amigo impossibilitado de fazê-las.

Você não precisa ficar procurando por essas oportunidades, às vezes elas vêm até você e tudo que precisa fazer é identificá-las. Existe um antigo hino espírita que diz: 'Se você tem demonstrado generosidade, continue, continue'. Então, por que não trabalhar uma manhã por semana em uma instituição de caridade ou doar sangue, ou, se você se sensibiliza com histórias de abusos com crianças, digamos, seja voluntário da ChildLine[*] ou doe algum dinheiro para a

---

[*] Serviço 0800 das Ilhas Britânicas que aconselha crianças e adolescentes nos mais variados assuntos (abuso de drogas, problemas familiares e de relacionamento, por exemplo). (N.T.)

NSPCC* ou para Dr. Barnardo's.**. isso é muito mais eficaz do que ficar por aí reclamando aos brados sobre a negligência do serviço social.

Você precisa realmente dar algo de si mesmo, mais tempo e esforço, e se sentirá bem, mas também lembre-se de não se transformar em um mártir por causa disso — você precisa viver sua própria vida também, não se abandone. É de sua vida que você vai tirar energia para ajudar os outros.

Eu me lembro de um encontro que tive com um homem que trabalhava no sopão dos pobres, em Glasgow, com sua esposa, todo ano no Natal. Ele me disse: 'A melhor coisa é nós convidarmos uma dessas pessoas para ir até nossa casa no dia de Natal para jantar e então, no feriado de Boxing Day reunirmos toda nossa família e contarmos a eles o que fizemos. É o que me deixa realmente satisfeito'. Claro, o que eles não dizem é que não convidam nenhum daqueles velhos para jantar nos outros 364 dias do ano.

Eu encontrei aquele rapaz porque estava prestando serviços de cabeleireiro no sopão dos pobres. Um amigo meu, que também se chama Gordon, havia sugerido. Ele era o tipo de pessoa compassiva, que fazia muito pelas pessoas e nunca se vangloriava por isso. Ele não tinha ilusões a esse respeito. Era apenas parte do que ele era e a forma de contribuir. Segundo ele, meus estagiários do salão teriam a chance de praticar corte de cabelo se todos dedicassem uma noite por semana ao sopão dos pobres e então todos sairíamos ganhando com isso. Eu treinaria minha

---

* National Society for the Prevention of Cruelty to Children — Sociedade *Nacional* para a Prevenção da Crueldade contra a Infância. Associação britânica que busca proteger crianças e jovens de abusos físicos e psicológicos. (N.T.)

** Centro de abrigos para crianças em condições de risco, fundado pelo doutor Thomas Barnardo, em 1870, na Inglaterra, ativo até os dias de hoje. (N.T.)

equipe e os pobres do abrigo dos sem-teto teriam um corte de cabelo. E a organização que dirigia o abrigo poderia dizer que tinha algo mais a oferecer a seus clientes. Já havia um dentista e um pedicuro trabalhando como voluntários.

Eu não fiz isso pensando em aprender algo, ou para me vangloriar, apenas encarei como trabalho. Conversar com aqueles rapazes me ensinou muito sobre o que realmente é importante. Nós podíamos ir para casa em segurança e nos livrar do cheiro do abrigo e dos piolhos, mas na volta nossas mentes estavam pensando: 'Fui abençoado por Deus!'. Aqueles eram garotos comuns, que fizeram escolhas ruins e não foi preciso muito para tirá-los do caminho. Para ser honesto, eu não acho que um corte de cabelo realmente tenha feito alguma diferença para eles, mas as histórias que eles me contaram não têm preço; assim como não tem preço o lembrete perene de que você sempre pode se deixar levar sem mesmo perceber e acordar em um lugar que você nunca teria escolhido.

Em todas as histórias que lemos no jornal ou vemos na TV há uma lição de moral, uma mensagem para nós, e eles ainda vão além com mensagens como: "Tente escapar dos desastres naturais."

Mas você não precisa ler um livro ou procurar em um jornal para encontrar essas histórias — elas estão em seu cotidiano, acontecem com seu vizinho, no seu local de trabalho, na rua paralela à sua, entre os sem-teto pelos quais você passa a caminho das compras ou mesmo em sua própria casa.

Há um drama humano acontecendo em toda parte. Sempre há alguém sofrendo e, igualmente, sempre há alguém se esforçando para superar esse sofrimento. E se você lidar com seus próprios problemas e sinceramente ajudar aos outros, você estará no caminho para viver sua vida e fazer sua parte neste grande drama humano.

23

PODEMOS ESTAR SEMPRE PREPARADOS PARA A MORTE OU A PERDA?

Uma das razões de ser tão difícil lidar com a morte é que não enxergamos o fato de que a perda humana é uma parte intrínseca de nossas vidas.

Nós tentamos abrir caminho à força e não lidamos com isso e então, quando alguém que amamos morre ou quando nós mesmos ouvimos as piores notícias de um médico, ficamos arrasados. Mas esta é uma etapa natural da existência neste mundo. Corpos humanos não são indestrutíveis como o espírito é. Você não tem que descobrir os mistérios de seu destino para saber que estamos todos tentamos eventualmente ignorá-los.

Um jovem amigo, chamado Stevie, que estava aprendendo a ser um curador, pediu-me para ver seu tio, Chrisy, que acabara de ser diagnosticado com um câncer terminal. Depois da notícia inicial, ele havia decaído rapidamente, mas tentava ser forte por causa de sua família. Ele morava com os pais de Stevie e o jovem estava preocupado em se aproximar dele para sugerir uma cura, porque ele não havia contado que estava aprendendo e pensava que sua família ia achar que era tudo uma besteira. Ele havia começado a falar gentilmente sobre cura, tentando trazer seu tio para uma sessão, embora eu teria que entender se Chrisy não tivesse paciência com isso. Pelo que eu ouvira, não havia nada que eu realmente pudesse fazer por ele — o câncer estava avançando rapidamente, com tumores no cérebro, pulmões, fígado, rins, linfonodos... O estranho era que, quando eu finalmente o vi, pensei que ele poderia ter mais que os três meses prognosticados pelos médicos. Sua aparência atual era de que ele poderia morrer, mas de medo, não de câncer. Eu já tinha visto muitas pessoas que estavam morrendo daquela doença, e ele não parecia com elas.

Imediatamente, ele quis saber como ia morrer, e quando perguntei por que nós não apenas nos concentrávamos ou relaxávamos seu corpo antes — eu não ia prometer uma cura, mas poderia ser capaz de tornar as coisas mais fáceis. Eu fiz o melhor que pude e, como tínhamos conversado, perguntei-lhe muitas coisas.

— Chrisy, você se sentia doente antes de ouvir dos médicos?

— Eu não sabia que estava doente até eles me dizerem e, então, apenas aceitei.

— Quanto e quão mal você se sente, apenas em sua mente?

— O quê?

Eu tentei explicar que achava que ele estivesse desistindo de si mesmo, em vez de viver.

— E se você fosse morrer na próxima semana, Chrisy, o que faria nesses sete dias?

A cura que fizemos na primeira sessão me deu uma sensação incrível. Chrisy, na verdade, estava em um tipo de estado semiconsciente e eu tive, em sua presença, a mesma sensação que tinha quando trabalhava com um grupo de médiuns que usavam técnicas de transe de um espírito-guia que estava presente, que não era o meu próprio. Eu nunca havia experimentado aquilo antes em uma cura, mas eu também sabia que isso confirmava que Chrisy faria a passagem logo. Quando estamos próximos de fazer a passagem, há muitas vezes uma tentativa do espírito de se aproximar e nos ajudar a nos preparar.

Eu não falei, mas me comuniquei mentalmente ou telepaticamente com o guia, buscando por evidências. Eu pensei: 'Levante a mão direita de Chrisy e vire a palma de encontro ao seu rosto'; e ela levantou, na posição. 'Bom, você está indo bem. Agora, coloque-a sobre seu joelho, com a palma para cima', e a mão abaixou lentamente, virando e repousando sobre o joelho de Chrisy.

O tempo todo o espírito estava se movendo através de Chrisy e eu estava certo de que assim como um espírito-guia muito evoluído, ele tinha sua família ao seu redor. Quando chegou, estava ofegante.

— Eu... Eu simplesmente não consigo imaginar como dizer como me senti. Estou surpreso — ele disse, e eu soube exatamente o que ele queria dizer. Eu tivera essa experiência vezes o bastante quando um espírito-guia veio até mim. No caso de Chrisy não era tanto uma cura, como compartilhar a vida do espírito-guia com a sua própria vida, ajudando-o a viver mais um pouco.

Ele não se lembrava da telepatia ou de ter movido seus braços, mas quando lhe contei sobre sua família, estava surpreso por eu saber, dizendo:

— Eu podia sentir minha mãe, meu pai e outras pessoas ao meu redor. Eu não sei como, mas definitivamente elas estavam aqui.

Mais tarde, ele se sentiu tão bem que se esqueceu de usar sua bengala.

Stevie estava obviamente encantado e me perguntou se eu achava que a sessão de cura poderia salvar seu tio, mas eu disse que não era o momento. O que eu precisava fazer era libertá-lo do medo de morrer, porque aquilo estava inevitavelmente chegando, e nós tínhamos de ajudá-lo a lidar com isso.

Eu fiz umas poucas sessões de cura para ele e nós sempre tínhamos grandes conversas depois. Stevie ajudou também. Eu acho que foi quando ele constatou por si mesmo que seu tio faria a passagem porque ele também sentiu a imensa sabedoria do espírito que ainda estava envolvendo o doente. Nós não podíamos salvar sua vida, mas podíamos fazer o tempo que ele tinha ser mais agradável.

Finalmente, certo dia Chrisy me disse:

— Sabe, Gordon? Agora, eu vou aproveitar a vida até morrer.

Então, ele o fez — de fato, viveu sua vida tão intensamente que sobreviveu ao seu diagnóstico por aproximadamente nove meses. Durante aquele tempo, ele estava em todas as festas, bebendo, rindo, amando a vida, sendo certamente a figura central de sua família. Ele não usou nenhum remédio novo, apenas teve força para mudar de atitude, e tornou-se um exemplo. Você realmente pode viver, embora esteja morrendo.

Uma noite eu estava dando uma festa improvisada em minha casa, para um amigo que havia perdido um ente querido e quis celebrar sua vida com o que ele poderia chamar de um velório irlandês — montes de uísque, lágrimas e risadas. Chrisy chegou de repente e se juntou a nós, e então algo realmente especial aconteceu.

Eu trabalhei em uma série de TV chamada *Psychic Therapy (Terapia Mediúnica)* e uma das estrelas que apareciam no show era a cantora de soul Mica Paris. Nós nos tornamos bons amigos, mas eu não sabia que Chrisy era um grande fã dela. Na noite do velório, a campainha da porta tocou novamente e, claro, era Mica.

Chrisy estava surpreso e ela sentou no sofá com ele tagarelando sobre música e seu crescimento no sul de Londres, como velhos amigos. Depois, ela cantou para ele, ali mesmo na sala.

— Gordon — ele disse com um sorriso de orelha a orelha —, eu não preciso de uma sessão de cura hoje. Essa foi a melhor coisa que me aconteceu em anos.

Isso tudo aconteceu de uma maneira tão bonita que você não se admiraria se um espírito tivesse colocado a mão naquilo tudo.

Stevie me chamou um tempo depois.

— Chrisy foi ao hospital na noite de ontem. Eu pensei que ele fosse fazer a passagem hoje. Algo me dizia isso.

— Por que você está sentado em casa? — eu perguntei.

— Chrisy está em coma — ele disse.

— Por que você está sentado em casa? — eu perguntei novamente. — Se você não for ficar com ele, vai se arrepender, porque não importa que ele esteja em coma, ele vai ouvi-lo e saberá que você está lá. Espíritos o colocaram nesse estado porque ele está muito próximo da passagem agora, e para ele é como aqueles transes em que nós o colocávamos nas sessões de cura. Aqueles eram para prepará-lo para o que está acontecendo agora. Vá e o visite.

Stevie mais tarde me contou que, quando chegou ao hospital, foi direto para o quarto de seu tio e apenas pensou 'Eu quero segurar sua mão' e, então, sentou ao lado de sua cama e estendeu a mão.

— Foi incrível — ele disse. — Chrisy não acordou, mas apenas estendeu seu braço e o colocou ao redor de meu ombro e me abraçou, como se pudesse ver o que fazia, como se soubesse onde eu estava. Ele esperou por um momento como aquele e Stevie disse que estava muito tranquilo, revivendo experiências de sua vida, um presente de despedida de seu tio, e ele ficou o quanto podia. Chrisy se foi um pouco depois.

Se você pode encarar a escuridão como Chrisy fez, e se você sabe que vai partir, mas encontra forças nisso, está no caminho certo para encontrar a luz.

Eu me lembro de ter ouvido algo sobre um professor budista tibetano que estava morrendo de câncer. As pessoas lhe perguntavam por que ele não estava preocupado ou aterrorizado, e ele respondia simplesmente que alguém tinha de contrair as doenças deste mundo, e podia muito bem ser ele.

Ele transformou seu diagnóstico em uma forma de limpar a sujeira do mundo. Aquela ideia me ajudou a viver também. O fato de saberem que estão morrendo não é um sofrimento à toa; eles estão deixando a escuridão e alcançando uma pequena vitória.

De fato, nós nunca deixamos de ser parte do espírito. Antes de nascer neste mundo nós existimos em espírito, e uma parte de nossa consciência permanece por toda nossa vida, nos conectando uns aos outros, quer estejamos cientes disso ou não. Quando morremos, o resto de nossa alma simplesmente se une à parte em espírito.

A morte nos faz querer as pessoas que perdemos mais do que nunca imaginamos quando elas estavam vivas. Talvez isso seja uma lembrança para valorizarmos aqueles que amamos agora e fortalecermos as ligações que já temos, bem como para nos aproximar dos que estão por perto em espírito. Não que o elo entre nós se parta quando eles fazem a passagem, mas por que perder o que temos agora?

Fiz uma sessão para uma mulher que tinha por volta de 60 anos, a quem vou chamar de Jane, que havia perdido sua mãe recentemente. O marido dela havia morrido de repente e muito jovem, deixando-a com dois filhos para criar, e quando seu pai fez a passagem, também muito de repente, ela foi morar com sua mãe para cuidar dela.

Ela me contou que vivia uma vida apagada — ela estava fora todos os dias, trabalhando como faxineira das seis às oito, depois voltava para casa para cuidar de sua mãe, em seguida saía para trabalhar novamente das seis às oito, e assim era o seu dia. As duas mulheres estavam sofrendo, mas a mãe levou isso ao extremo, quase se tornando uma inválida. Sua filha estava ressentida e elas discutiram constantemente pelos vinte anos daquela existência infeliz. A mãe costuma dizer que elas estavam amaldiçoadas, por terem perdido seus maridos tão jovens.

Quando fiz a sessão, a mãe apareceu exausta, com raiva da filha e disse:

— Eu encontrei John. Estou contente que a maldição tenha terminado, e obrigada por ter arrumado meu cabelo.

Isso transformou o rosto da filha. Ela me contou que depois daqueles vinte anos de sofrimento, sua mãe havia de repente ficado verdadeiramente doente, com um tumor maligno e era como se a casa toda tivesse despertado. De repente, o tempo que elas tinham juntas, que parecia interminável, logo passou a ficar pequeno, e isso mudou o relacionamento delas. Ela viu seus próprios filhos abraçando e amando a avó, e ficou surpresa por querer fazer o mesmo, embora depois daquelas décadas de ressentimento ela não soubesse por onde começar.

Mas ela o fez, quando era quase tarde demais. Dois dias antes de morrer, sua mãe estava deitada em uma cama de hospital, seu cabelo despenteado, e Jane disse:

—Você quer que eu arrume seu cabelo, mãe?
Sua mãe aquiesceu.
Enquanto ela se posicionava atrás de sua mãe, penteando seu cabelo cuidadosamente e o enrolando, sua mãe, sem se virar, disse:
—Você sabe que eu sempre a amei.
Jane não poderia falar por causa do nó em sua garganta. Ela sentiu que os ombros de sua mãe estavam tremendo e percebeu que os seus também estavam. Ela não disse nada, mas, naqueles dois últimos dias, sentou e segurou a mão de sua mãe e falou com ela apenas mentalmente, repetindo:
— Eu sinto muito, e eu a amo e gostaria que essa mágoa nunca tivesse nos separado.

Quando ela me agradeceu, no fim da sessão, explicou que John era o homem que ela havia começado a ver depois que sua mãe faleceu, porque ela tinha lhe dito para sair e ter uma vida, quebrando a maldição, e porque percebeu que não queria que seus próprios filhos a vissem arrasada e infeliz como a avó delas fora, ou a odiassem da forma como ela odiara sua mãe.

Nós sabemos que vamos ver as pessoas que amamos novamente em espírito, e que elas ainda vão nos amar quando isso acontecer, entretanto, deveríamos levar a sério o que podemos fazer por nossos relacionamentos agora. Demonstre seu amor aqui e agora, não no futuro.

Quando temos uma conexão amorosa com outra pessoa e ambos somos tocados por isso em um nível profundo, o amor nos faz viver em uma parte real de nossa existência. Isso faz parte da nossa natureza humana, mas nos faz muito maior do que somos. Esse é o amor que levamos conosco para o outro lado quando o corpo físico morre. É também o que trazemos em primeiro lugar para esta vida; o primeiro renascimento é para encontrar o amor. Isso está em nossos corações o tempo todo, quer estejamos cientes ou não.

Os acontecimentos, tanto os enriquecedores quanto os dolorosos, que ocorrerem durante nossas vidas vão geralmente depender do que vamos fazer e como vamos enfrentar as consequências. Podemos tentar aprender com eles e melhorar, ou podemos ignorar as consequências e ter que revivê-los até os termos entendido.

Alguns acontecimentos, entretanto, virão de um carma maior, no qual a humanidade como um todo será atingida. Tal evento cármico está fora de nosso controle individual e somente a aceitação pode nos ajudar a entender e crescer com ele.

Nossa verdadeira natureza está em nossa evolução espiritual, como Chi explica aqui:

Seu ciclo de vida humano está refletido no universo propriamente dito. Você nasce e morre, assim como todas as novas estrelas nascem no céu, assim como as antigas morrem, enquanto o universo como um todo continua se expandindo e crescendo. Isso acontece dessa forma por causa da enorme e ainda mais misteriosa força que nos forma e nos conduz: vida.

Viver e morrer é apenas parte da vida e é assim no mundo humano. Os homens têm vivido e morrido desde que o primeiro chegou neste planeta, mas a misteriosa força da consciência no homem se expandiu e continua a fazê-lo. A cada vida e morte, mais escuridão é eliminada e substituída por esclarecimento no mundo humano, como no vasto universo cada corpo celestial que implode e morre varre algo de denso e escuro para fora do espaço, permitindo que o espaço se ilumine. Vida e morte sempre vão suceder uma à outra enquanto existirem

*no tempo e espaço. A humanidade está em um constante estado de
mudança. Quanto mais esclarecidos nos tornarmos, melhor perceberemos a realidade e a aspereza de nossa existência até o completo
entendimento estar verdadeiramente interiorizado, ou
'espiritualizado' a cada vida com e acima da emotividade humana,
e a cada iluminação em qualquer momento de qualquer vida humana
ser verdadeiramente entendido, ou quando a pessoa faz a passagem.
Aqueles que fisicamente não possuem emoções ainda têm muito
a aprender sobre sua verdadeira natureza e sua viagem
pela vida. Aqueles que têm ido além e percebido a realidade de
sua existência estão no limiar de uma existência totalmente nova.
O universo se ilumina enquanto se move através de uma espécie
de mar invisível, sendo levado para uma terra distante, e a
vida inteira formou cada vida no mar do tempo, que será lembrado
como parte deste universo. Nada será esquecido e tudo que for
feito como homem continuará a existir e se desenvolver em meio
a densa escuridão da ignorância. Conforme o tempo passa, a
consciência irá tornar-se mais esclarecida. Isso, claro, considerando
que haverá muito mais episódios de vida e morte.
Você nunca sabe quando uma estrela ou algo incompreensível
para você terminará, mas o efeito daquela explosão de luz vai
fazê-lo atingir certo nível, mesmo que isso esteja além de
sua compreensão. Isso é relevante para uma parte profunda
de sua existência. A morte de uma pessoa a quem você quer
bem precisa ser encarada da mesma forma.*

Posfácio

Encontrei com Robert Beer pela primeira vez não muito tempo depois da trágica morte de sua filha. Eu ainda considero a sessão que tivemos um dos encontros com o outro lado mais estranhos que já experimentei, ainda que tenha sido profundamente espiritual. Parecia que ainda existiam muitas coisas que não sabíamos sobre nossa jornada.

Eu considero Robert um pioneiro da viagem espiritual, e meus pensamentos e meu amor estão sempre com ele. Vou deixá-lo contar a história...

Robert Beer

Em 1961, minha jovem irmã Lynne, de três anos, morreu de hidrocefalia. O aumento de fluido no cérebro levou a uma condição em que sua cabeça cresceu mais do que seu corpo. O que ela tinha era incurável, e ela permanecia imóvel, para sempre presa a uma cama e sem responder emocionalmente a música e som. Ela também era um segredo que nossos pais mantinham escondido dos olhos do mundo.

Nem todos tinham, naquela época, a noção exata do quanto eu sofreria e lamentaria a perda de minha irmã. A dor pela perda de uma criança era o legado dos pais, o luto era um dever dos adultos. Aos 14 anos eu era considerado muito jovem para participar de seu funeral. Cheguei da escola naquele dia para encontrar o quarto perfumado de Lynne, onde seu silencioso caixão estava agora, cheio de pessoas conversando e bebendo xerez, dos quais a maioria nunca esteve em nossa casa antes.

O segredo da trágica existência de Lynne nesta terra acabara, a imagem de cuidado e dedicação precisava ser mantida agora que ela se fora. Outros segredos vieram à tona, e em um espaço de dois anos meus pais haviam se separado e encontrado novos parceiros, e com 16 anos eu estava sem lar e havia caído na estrada.

Essa sequência de eventos poderia ter sido traumática se não fosse por uma estranha experiência. Na noite seguinte à morte de Lynne, tive um 'sonho' em que nós estávamos voando juntos por um espaço profundamente azul de um vasto e luminoso céu. Em sua forma de três anos de idade ela era perfeita, sem deformações físicas ou limitações mentais, cheia de alegria, amor, inteligência e vida. Eu sabia que ela havia voltado para me revelar a verdade da continuidade do espírito na vida após a morte, e a beleza imaculada daquela experiência estaria sempre comigo. Isso me fez ver tudo que eu precisaria saber sobre dor, perda e amor, e a dádiva de estar sempre aberto e pronto para usar esse entendimento para ajudar a outras pessoas.

A morte de uma irmã normalmente faz pessoas jovens amadurecerem rapidamente, mas as possibilidades de evolução para todos dependem de duas coisas: destino e livre-arbítrio. O destino é 'aquilo que acontece'; livre-arbítrio é como lidamos com o que acontece. O 'contato pós-morte' de Lynne me conduziu a um caminho de intensa espiritualidade, questionando o que fora aprendido até esse dia. O eterno questionamento de 'por quê?' me afrontava desde então e eu entendi que a busca por um sentido espiritual era o único caminho que valia a pena seguir. Eu estava logo inclinado às tradições gnósticas do Oriente, especialmente o simbolismo visionário do budismo indo-tibetano, que eu agora considerava um dos principais conhecedores do mundo.

Essas tradições esotéricas são extremamente ricas em seus ensinamentos filosóficos sobre os 'grandes questionamentos' da vida — nascimento, sofrimento, morte, transmigração, renascimento e a eterna lei do carma, ou 'causa e efeito', ligadas a todas essas experiências em um significativo modelo de evolução espiritual, que resulta na libertação dos sofrimentos de samsara — que é como chamamos os ciclos repetitivos de nascimento, sofrimento e morte determinados pelo carma — ou existência cíclica. Algumas dessas doutrinas antigas são tão profundas que muitos físicos e neurocientistas atualmente estão começando a reconhecer seu sentido e valor. A ciência da mente está se tornando rapidamente uma nova religião, com pesquisas sobre o estudo da consciência sendo vistas como a 'fronteira final'.

Além dos limites do monoteísmo e do racionalismo científico, com suas leis deterministas sobre redenção divina e seleção natural, as antigas tradições do budismo e do hinduísmo são como um supermercado espiritual, onde se pode livremente selecionar e escolher de uma surpreendente exibição de doutrinas e grupos de crenças. Todas essas doutrinas têm como finalidade a promessa da completa libertação dos inexoráveis ciclos de morte e renascimento, de quais sofrimentos são perpetuados por nosso próprio carma negativo, ou 'ações' de pensamentos, palavra e ação, que estão destinados a trazer consequências futuras. O conceito de 'semear e colher' e 'pecados mortais' são comuns à maioria das religiões, apesar de terem perdido muito de sua influência no mundo moderno. Eu tenho passado minha vida estudando essas doutrinas, especialmente aquelas relacionadas a técnicas mediúnicas, usando a imitação da experiência da morte e adquirindo controle sobre o assim chamado 'estado intermediário', experimentado entre morte e renascimento. Esse estado imaginário está descrito em O livro tibetano dos mortos, um texto enigmático, que agora está sendo extraordinariamente considerado o mais completo manual sobre a arte de morrer. Mas no coração eu tenho sempre um espiritualismo impenitente, pela evidência de coisas invisíveis sempre com tendência a destruir qualquer noção de incerteza.

Em março de 2005, nossa filha mais velha, Carrina, morreu em um acidente de mergulho, com 22 anos. Ela era simplesmente maravilhosa, uma jovem e linda mulher, cheia de alegria, inteligência, sensibilidade e compaixão, que fazia curso de enfermagem em Londres. No fim de semana anterior à sua morte, ela viera nos visitar em Oxford, quando falou sobre sua ansiedade com a aproximação de sua viagem de mergulho. Nós tentamos dissuadi-la de ir, mas por um arranjo do destino e, de algum modo, havia um pressentimento que estava se revelando, aquela voz interior que nós precisamos aprender a ouvir.

E então houve o telefonema do hospital em Devon onde tentaram reanimá-la, a longa viagem para chegar lá e aquele preciso momento da viagem quando eu soube que ela 'se fora'. O resto daquela viagem foi como algo para o qual eu estivesse me preparando por toda minha vida, mas quando deparamos com a morte somos pobres e inexperientes atores, sem máscaras atrás das quais nos escondermos.

E então sua irmã Rosia e eu estávamos juntos no quarto onde seu corpo estava, mas não estávamos sozinhos. A presença do espírito dela nos envolveu, cheio de beleza, amor e paz. Sua pureza espiritual nos falava de coisas sublimes, tranquilizando-nos para que fôssemos fortes e deixássemos seu espírito voar para um ponto mais elevado. E então eu ouvi sua voz de uma forma muito clara em minha mente, dizendo:

— Pai, você tem que entrar em contato com Gordon Smith.

Por 49 dias depois da morte de Carrina eu realizei um ritual de leitura do O livro tibetano dos mortos a cada noite, que eu acreditava que iria guiar o espírito da doença até um próspero renascimento. E durante todos os traumas da autópsia, inquérito e funeral que se seguiram ao velório de uma morte acidental, essas horas sozinho, me comunicando com o que eu sentia ser o espírito de Carrina, eram muito valiosas para mim.

Eu vi Gordon pela primeira vez na série da BBC Falando com os Mortos, em 2004, quando, como muitos outros, percebi que ele possuía um dom primoroso. Após alguns meses chegou o dia em que Rosia e eu tivemos a grande sorte de encontrá-lo em Londres. Mas seu primeiro comentário foi apologético: ele disse que sentia que algo estava velando sua clarividência e aquela nossa viagem poderia ter sido em vão. Após algum tempo era claro que aquele contato era realmente bloqueado, então expliquei o que acontecera e nossas razões para estarmos ali. Gordon começou a dizer algumas coisas que eu tive dificuldade para entender. Ele usava termos budistas, dizendo que a consciência de Carrina havia saído pelo topo de sua cabeça como um suporte de luz, que ela havia se unido a uma 'luz brilhante' e havia transcendido através dos domínios do mundo dos espíritos. Ele então disse que aquele tipo de experiência nunca acontecera com ele antes e não sabia se o que havia dito era possível. Ele havia repetido essas afirmações para mim várias vezes desde então, e eu senti que certo mistério ainda permanecia entre nós.

Senti que aquela mensagem trazia um profundo sentido interior para mim, escondida em uma nuvem de ignorância. A questão 'Por que aconteceu essa tragédia?' não era realmente o que importava. O fato era que acontecera, e não a raiva ou a culpa, ou que o poderia vir por consequência. A questão que eu realmente estava deixando no ar era: 'Onde está você, querida, e como eu posso encontrá-la?'

Para aqueles que foram deixados para trás, lamentando a perda dos que partiram, a resposta é essencialmente a mesma. O amor é a ponte, e para cruzá-la temos de manter nossa inteligência incandescente e nossa dor resplandecente. A dor pela perda chega de forma natural — aquele abismo de dor e saudade está sempre sob o gelo fino de nossa existência contínua. Isso é algo com que temos de aprender a conviver, algo acima, para além das pequenas escolhas. As alegrias da vida são fáceis de sentir, mas nós muitas vezes as tratamos com pouca gratidão. Mas as grandes tragédias da vida podemos encarar cada uma como uma ofensa ou um ensinamento, e aqui eu acho que temos uma escolha. A primeira alternativa normalmente leva à depressão, raiva, isolamento e perda de fé; a segunda pode levar à cura e ao início de um maior entendimento. As pessoas geralmente encaram as coisas ou como uma benção ou como uma maldição, quando poderiam encará-las como um desafio. Todos os que procuram sabem que as mais valiosas lições são muitas vezes as mais dolorosas.

Mas a inteligência espiritual não vem naturalmente, é algo que temos de trabalhar e cultivar. A aparente ausência de evidências não é evidência da ausência em que o tema da vida após a morte é tratado. Existe uma incrível quantidade de 'evidências de continuidade', às quais podemos ter acesso facilmente. O clarividente dotado de habilidades mediúnicas assim como Gordon pode ser lido em livros ou visto na internet — onde podemos testemunhar parentes desolados por uma perda sendo privilegiados com uma 'prova' que pode ser emocionalmente edificante para todos nós. Há uma imensa quantidade de modernas e reconhecidas pesquisas disponíveis, como as experiências de quase morte (EQMs), comunicação pós-morte (CPM), lembranças de vidas passadas e marcas de nascença trazidas por crianças, visões do leito de morte lembradas por enfermeiras, parentes e funcionários de albergues, memórias ocorridas depois de um transplante de órgãos, experiências fora do corpo (EFC), e regressão às vidas passadas (RVP). Nenhuma dessas pesquisas talvez seja aceita como prova por céticos empedernidos, mas não é esse o propósito. Para os desolados pela perda de um parente, essa compreensão pode servir como faróis de luz para cruzar aquela 'ponte' para além da vida. As lápides em todos os cemitérios estão cheias de inscrições comoventes que trazem o testemunho do amor permanente e contínuo de almas separadas que ao final ficarão juntas novamente. A fé cega não é mais necessária, mas a inteligência espiritual definitivamente é.

Três anos se passaram desde a morte de Carrina e existiram muitas etapas de mudança e transformação. Eu não imaginava que fosse possível obter dessa forma um profundo entendimento da realidade disforme do 'mundo dos espíritos', mas agora sei que é. Somente o tempo nos separa, e a realidade da morte é a única certeza que temos na vida.

Dois anos atrás eu conheci o trabalho do Dr. Michael Newton, que era pioneiro na pesquisa da terapia da 'vida entre vivos' (VEV), que envolvia uma profunda regressão hipnótica para termos acesso às nossas memórias do 'mundo dos espíritos'. Se memórias de vidas passadas são 'reais', então também tem que ser verdade a reencarnação, e, por conseguinte, a realidade do espaço que existe entre as vidas.

Michael Newton era um tradicional hipnoterapeuta que descobriu essa técnica acidentalmente, e no decorrer dos últimos 35 anos ajudou mais de sete mil pessoas a regressarem ao 'mundo dos espíritos' e registrou meticulosamente essas experiências. Ele descobriu que não importa se a pessoa é uma ateia inveterada ou devotadamente religiosa ou de alguma convicção filosófica. Pois quando as pessoas entram na hipnose profunda LBL, o transe que leva de uma morte em uma vida passada até o limiar do mundo dos espíritos, todas elas passam por experiências similares.

No início de 2009, passei por duas longas e separadas sessões VEV com um terapeuta treinado pelo Dr. Newton, que tinha excelente conteúdo emocional, visual e espiritual. Muitas pessoas que passaram por essa experiência entenderam que o mundo dos espíritos é nosso familiar e real 'lar' e que nós na verdade nunca nos afastamos dele, ou de nossos entes queridos que se foram antes de nós, aqueles a quem estimamos e de quem sentimos falta. E que o infinito é multidimensional campo do amor irrestrito, perdão, inteligência e alegria de qual todos manifestamos e que nossos 'espíritos guias' nos permitiram vislumbrar. A experiência é sublime. Nós todos somos diferentes facetas da origem divina que chamamos de Deus e experimentamos manifestações variadas do movimento perfeito desta força, e não há inferno ou figuras religiosas no mundo dos espíritos, nem retribuição divina ou Dia do Julgamento. Somos nós que precisamos julgar a nós mesmos em nossa própria 'revisão da vida' de todos nossos pensamentos, palavras e ações, pois todos que existem no universo instintivamente sabem a diferença entre certo e errado.

E existem sinais. Recentemente alguém que encontrei brevemente após a morte de Carrina estava com uma clarividente na América e perguntou se ela poderia contar a ele alguma coisa que pudesse me ajudar. Ela disse:

— Diga a Robert que uma senhora chamada Rosia estava lá para receber Carrina quando seu espírito atravessou, e que Carrina continuou perto de Robert por sete semanas seguidas para confortá-lo.

Rosia era o nome de minha filha mais nova, herdado de sua avó materna e sete semanas foi exatamente a duração de meus 49 dias lendo O livro tibetano dos mortos.

Espero que ao contar as coisas nas quais agora acredito eu venha a ajudar outras pessoas em seus momentos de dor. Proverbialmente, é sempre melhor acender uma vela do que maldizer a escuridão. O discurso final de Sam Mendes, no filme Beleza Americana, sucintamente transmite esses sentimentos. Ele é dito pelo protagonista, interpretado por Kevin Spacey, quando seu espírito está ascendendo sobre seu corpo recentemente assassinado:

Eu acho que poderia estar muito irritado com o que aconteceu comigo, mas é difícil ficar furioso quando há tanta beleza no mundo. Às vezes, eu sinto como se estivesse vendo todos ao mesmo tempo, e isso já é demais.

Meu coração se enche como um balão que está perto de estourar, então eu me lembro de relaxar e parar de tentar me agarrar a isso.

Então, isso flui através de mim como a chuva, e então eu não sinto nada mais do que gratidão por todos os momentos de minha vida pequena e estúpida.

Você não faz ideia de sobre o que estou falando, tenho certeza.

Mas não se preocupe, você saberá um dia.

Este livro foi impresso pela Prol Editora Gráfica
para a Editora Prumo Ltda.